ISBN 978-3-938045-93-0

Redaktion: Svenja-Milena Kutsch, Vivien Levy
Gestaltung: Kuni Taguchi
Herstellung: Peter Karg-Cordes
Lithografie: Jan Russok
Druck und Bindung: GGP Media GmbH, Pößneck

Besuchen Sie uns im Internet unter www.esverlag.de

CLAUDIA LANFRANCONI (Hg.)

FLIEGST DU SCHON

ODER ÜBERLEGST DU NOCH

Frauen, die ihre Träume wahr machten

ELISABETH SANDMANN

Inhalt

6

Einleitung von Claudia Lanfranconi

10

Vom Hinterhof zum Weltkonzern

Margarete Steiff
Coco Chanel
Elsa Schiaparelli
Beate Uhse
Anna Sacher
Estée Lauder
Josefine Hawelka
Elizabeth Arden
Brownie Wise

66

Von wegen gläserner Decke

Marie Curie
Mary Cassatt
Katharine Graham
Franziska zu Reventlow
Frida Kahlo
Elizabeth Blackwell
Lise Meitner
Lena Christ
Marion Dönhoff

116

Keine Angst vor großen Auftritten

Marchesa Luisa Casati
Audrey Hepburn
Lavinia Schulz
Elsa Maxwell
Liz Taylor
Die Mitford Schwestern
Emilie Flöge
Lady Diana Cooper
Georgiana Cavendish
Ganna Walska

174

Unsichere Zeiten – couragierte Frauen

Elsa Brändström
Marie-Madelaine Fourcade
Lida Gustava Heymann
Florence Nightingale
Marlene Dietrich
Bertha von Suttner
Rosa Parks
Käthe Kollwitz
Rosa Luxemburg
Teresa Cordopatri
Malala Yousafzai
Jane Addams

216

Über den Wolken und nie unter den Rädern

Melli Beese
Jane Goodall
Clärenore Stinnes
Amalie Dietrich
Walentina Tereschkowa
Elizabeth Garrett Anderson
Elly Beinhorn
Jeanne Baret
Ida Pfeiffer
Louise Boyd

254
Quellenverzeichnis

255
Bildnachweis

Fliegst du schon oder überlegst du noch?

Claudia Lanfranconi

Und dann war es endlich soweit! Im Dezember 1931 bestieg Elly Beinhorn ihr Klemm-Propellerflugzeug und startete durch. In einer simplen Sportmaschine mit offenem Cockpit ohne Sauerstoff- und Navigationssystem umrundete sie als erste Frau in einem Flugzeug die Welt und kehrte mit 30.000 Kilometern auf dem Tacho und drei Bruchlandungen triumphierend nach Berlin zurück. Trotz aller Gefahren – hoch über den Wolken genoss die deutsche Flugpionierin berauschende Glücksmomente, grenzenlose Freiheit und das schöne Gefühl, dass selbst die wagemutigsten Träume Wirklichkeit werden können, wenn man will.

»Fliegst du schon oder überlegst du noch«, unter diesem mitreißenden Titel hat der Elisabeth Sandmann Verlag aus vergangenen Publikationen rund fünfzig spannende Frauenporträts von der Nobelpreisträgerin Marie Curie bis zur Gartendiva Ganna Walska ausgewählt, um das zehnjährige Bestehen des Verlags mit einem kleinen Jubelband zu feiern. Entstanden ist ein spritziger *Rolemodel-Reader*, der die kluge Spezialisierung des Verlagsprogramms widerspiegelt. Seit 2004 erinnert die Verlegerin nämlich mit unverwechselbar gestalteten Büchern an unbekannte und vergessene Frauen oder präsentiert berühmte Frauen anders und neu. So sind in den vergangenen Jahren viele spannende Porträtsammlungen über Denkerinnen, Naturwissenschaftlerinnen, Schriftstellerinnen, Publizistinnen, Künstlerinnen, Geschäftsfrauen, Gesellschaftsdamen, Landfrauen, Exzentrikerinnen, Gärtnerinnen, Rebellinnen, vor allem aber über mutige Frauen aus sehr unterschiedlichen Kulturkreisen erschienen, die den Sprung ins Ungewisse wagten und sich bei ihren Bemühungen von nichts und niemandem aufhalten ließen.

»Ja, ich fliege!«, hätte Elly Beinhorn als Antwort auf die Titelfrage gejubelt, die als Aufforderung an alle Leserinnen verstanden werden möchte, sich nach dem Vorbild der in diesem Buch versammelten Frauen Ziele zu setzen und in das Abenteuer des Lebens zu stürzen.

Ökonomische Unabhängigkeit kann eine Voraussetzung sein, um sich selbst zu verwirklichen. Die Geschäftsfrauen im ersten Kapitel legten einen atemberaubenden Arbeitseifer an den Tag, um ihre Visionen und Produkte allen Widerständen zum Trotz erfolgreich zu vermarkten. Beate Uhse startete ihr Versandgeschäft mit Aufklärungsbüchern und *Anregungsmitteln* in einem Keller. Estée Lauder arbeitete unentgeltlich in einem Friseursalon, bevor sie mit Gratisproben ihrer Cremes eine breite Klientel überzeugte und als Kosmetikqueen gefeiert wurde. Ein besonders beeindruckendes Beispiel unter den Business-Ladys ist Margarete Steiff, die seit ihrer Erkrankung an Kinderlähmung stark behindert war und im 19. Jahrhundert eigentlich keine Aussicht auf ein selbstbestimmtes Leben hatte. Sie überwand alle Hürden und wurde mit ihrer Tatkraft und Disziplin das beste Vorbild und Motivationstraining für ihre fast vierhundert Angestellten, die nach ihren Entwürfen Stofftiere und Plüschbären nähten.

Noch nie war es so leicht wie heute, Bildung zu erwerben und Karriere zu machen, zumindest trifft das auf den wohlhabenderen Teil dieser Welt zu – das haben wir den Vorkämpferinnen für Gleichberechtigung und Meinungsfreiheit zu verdanken, die im zweiten Kapitel vorgestellt werden. So gehört Elizabeth Blackwell zu den ersten Frauen, die in den USA Medizin studierten. Je mehr Absagen sie erhielt, desto härter kämpfte sie um die Zulassung an einer medizinischen Fakultät, aber auch für das Recht aller Frauen auf höhere Bildung. 1849 war es soweit und sie hielt ihren Universitätsabschluss in Händen.

Von einer *Gläsernen Decke* wollten sich Frauen, die nach dem Chefsessel strebten, im 20. Jahrhundert nicht länger abschrecken lassen. Gräfin Marion Dönhoff, die ab Ende der 1960er Jahre erst als Chefredakteurin, dann als Herausgeberin das liberale Image der Wochenzeitung *Die Zeit* entscheidend prägte, hätte allerdings selbst vor einer Barriere aus Beton nicht Halt gemacht, um für ihre politischen und moralischen Überzeugungen einzutreten.

Ebenfalls nicht aufhalten ließen sich jene Frauen im dritten Kapitel, von denen einige den großen Auftritt liebten und als Schauspielerinnen, Modedesignerinnen oder Gesellschaftsdamen das kulturelle oder private Leben verschönerten. Unvergessen die legendäre Elsa Maxwell, deren Partys Kultcharakter hatten und auf deren Einladungsliste wirklich jeder stehen wollte. Die lebenslustige Marchesa Luisa Casati verkündete unterdessen »Ich möchte ein lebendiges Kunstwerk sein« und investierte in die Innenausstattung ihrer Paläste, in Kleider, Kostüme, Kunst und Feste konsequent ihr ganzes Vermögen, bis am Ende nichts mehr davon übrig war.

Es ist noch gar nicht so lange her, da durften Frauen weder wählen gehen noch ein eigenes Konto eröffnen! Die Porträts der in Kapitel vier vorgestellten Aktivistinnen und Rebellinnen illustrieren lebendig, wie viele Kämpfe ausgetragen werden mussten, um patriarchale Strukturen zu verändern und Frauenrechte durchzusetzen. So sorgte die pakistanische Schülerin Malala Yousafzai 2009 mit einem Blog auf der Website von BBC weltweit für Aufsehen, als sie dort über die strengen Restriktionen und Einschüchterungen der Taliban gegenüber Mädchen und Frauen in ihrem Heimatort im Swat-Tal mutig berichtete. 2012 versuchten Mitglieder dieser islamistischen Gruppe, Malala zu töten, um Mädchen davon abzuhalten, weiterhin zur Schule zu gehen. Schwer verletzt überlebte sie das Attentat und kämpft seither noch nachdrücklicher und sehr öffentlichkeitswirksam dafür, dass Mädchen und Frauen ein Recht auf Bildung eingeräumt wird.

Beflügelt von dem Wunsch, die Welt zu entdecken und die Flora und Fauna fremder Regionen zu erforschen, waren Jeanne Baret, Amalie Dietrich und Jane Goodall, einige von vielen weiteren Abenteuerinnen aus Kapitel fünf. Sie unternahmen beschwerliche Exkursionen und verzichteten im Dienste der Forschung und Wissenschaft oft auf privates Glück, aber auch auf allerlei Annehmlichkeiten wie ein sauberes Bad. Wer hoch hinaus will, muss offensichtlich Opfer bringen.

Wer noch überlegt, findet in den folgenden Frauenporträts mehr als genug Anregungen, wohin die Reise des Lebens gehen könnte.

Liebe Leserinnen, starten Sie durch, heben Sie ab und fliegen Sie!

Vom Hinterhof zum Weltkonzern

Margarete Steiff
Coco Chanel
Elsa Schiaparelli
Beate Uhse
Anna Sacher
Estée Lauder
Josefine Hawelka
Elizabeth Arden
Brownie Wise

Margarete Steiff

1847–1909 Unternehmerin

Bevor es zur Gründung der Filz-Spielwaren-Fabrik kommen konnte, musste die 1847 in Giengen an der Brenz (im Osten Baden-Württembergs) geborene Tochter eines Bauwerkmeisters erst einmal gesundheitliche Hürden überwinden. Mit eineinhalb Jahren war Margarete Steiff an der zu dieser Zeit noch unerforschten Kinderlähmung erkrankt. Nach einem schweren Fieber blieben ihre Beine gelähmt, und ihren rechten Arm konnte sie nur noch eingeschränkt bewegen. Damit kam für sie in Zukunft eine Heirat, die ihre wirtschaftliche Versorgung gesichert hätte, nicht infrage. Als Behinderte hatte sie in der zweiten Hälfte des 19. Jahrhunderts eigentlich kaum eine Perspektive auf ein selbstbestimmtes Leben. Sie würde immer auf die Hilfe anderer Menschen angewiesen sein. Doch statt mit dem Schicksal zu hadern, kämpfte sie schon als junges Mädchen für eine normale Schulbildung und ein unbeschwertes Kinderleben.

In ihren Tagebuchaufzeichnungen berichtet sie, dass sie frühmorgens in einen Leiterwagen gepackt und vor dem Elternhaus in der Ledergasse abgestellt werden wollte, um mit ihren Geschwistern Marie, Pauline und Friedrich und den Nachbarskindern »spielen« zu können. »Alle Hausgenossen bettelte ich an: Tragt mich auf die Gasse, auch wenn ich manchmal fast erfror«, erinnerte sie sich.

Und selbst der Schulbesuch wurde Margarete Steiff dank hilfsbereiter Mitmenschen ermöglicht. Ihre beiden älteren Schwestern fuhren sie im Rollstuhl zur Schule, und eine kräftige Frau, die neben der Schule wohnte, trug Margarete zum Unterricht in den ersten Stock. Immer wieder wurde sie renommierten Ärzten zur Untersuchung vorgestellt, doch die Kuren in warmen Bädern und die Operationen hatten keinen Erfolg. »Es war ein langes Suchen nach Heilung«, resümierte sie in ihren Aufzeichnungen die Bemühungen der Mediziner, »bis ich mir selbst sagte, Gott hat es so für mich bestimmt.«

Margarete Steiff blieb eingeschränkt bewegungsfähig, aber sie besuchte trotzdem, wie ihre älteren Schwestern, an den Nachmittagen eine Nähschule und machte einen Abschluss als Schneiderin.

Der erste Schritt auf dem Weg zur eigenständigen Unternehmerin war ein Schneideratelier, das sie gemeinsam mit ihren Schwestern im Hause ihres Vaters betrieb und nach der Heirat von Pauline 1870 und Marie 1873 zielstrebig alleine weiterführte. Ihr größtes Kapital war eine Nähmaschine. Sie war in Giengen die Erste, die über einen modernen Nähapparat verfügte. Da Margarete das Schwungrad mit der rechten Hand aber nicht drehen konnte, entschied sie wie gewohnt pragmatisch: »Dann näh ich eben andersrum.« Sie fertigte Tisch- und Bettwäsche für die Aussteuer, Frauenunterröcke und mit Vorliebe Kinderkleider zur großen Zufriedenheit ihres sich stetig erweiternden Kundenstamms. 1874 konnte sie nach Umbauarbeiten in ihrem Elternhaus in der Ledergasse eine neue Werkstatt und eine separate Wohnung beziehen, die genau auf ihre Bedürfnisse zugeschnitten waren.

Margarete Steiff war nun finanziell unabhängig und trotz der schweren Behinderung zu einer selbstbestimmten Frau geworden. Der Mann ihrer Cousine Marie, Adolf Glatz, der eine führende Position in der Württembergischen Wollfilzmanufaktur bekleidete, erkannte jedoch, dass noch mehr unternehmerisches Potenzial in seiner zielstrebigen und kommunikationsfreudigen Verwandten steckte, und schlug ihr vor, ein Filzkonfektionsgeschäft zu eröffnen und ihr beim Aufbau neuer geschäftlicher Kontakte, die über ihre etablierten privaten Kunden hinausreichten, behilflich zu sein. Feiner Filz eignete sich mittlerweile wunderbar zur Herstellung von Kleidern und dekorativen Haushaltsaccessoires wie Kissenhüllen und Bettwandtaschen. Risikofreudig stürzte sich Margarete Steiff auf ihr neues Projekt. Für die Firma Ch. Siegle in Stuttgart fertigte sie Unterröcke aus Filz an, und bereits in den ersten beiden Jahren konnte sie mehrere Angestellte beschäftigen, um die Aufträge zu bewältigen.

Die Wandlung von der kleinen Filzmanufaktur zur Spielwarenfabrik vollzog sich aus Zufall, nicht aus Kalkül. In der Zeitschrift *Modenwelt*, in der sich Margarete Steiff pflichtbewusst über neue Trends und den Zeitgeschmack in der Mode informierte, hatte sie 1879 das Schnittmuster und die Nähanleitung für einen Stoffelefanten entdeckt. Statt aus rauer Baumwolle fertigte sie ihr Modell aus Filz an und füllte es mit weicher Scherwolle. Das Tier war als Geschenk für ihre zahlreichen Nichten und Neffen gedacht. Doch schon 1880 wurden die ersten Exemplare des »Elefäntle« an interessierte Freunde und Bekannte veräußert. Das weiche Rüsseltier mit der dekorativen Satteldecke aus buntem Filz füllte eine Marktlücke. Bis dahin bestand das vorgefertigte Kinderspielzeug meist aus harten Materialien wie Holz, Metall oder Porzellan. Der Elefant aus Filz wurde von den Kindern geliebt, weil er zum Kuscheln einlud. Im Katalog des Filzgeschäfts wurden die Spieltiere bereits 1883 auf der letzten Seite als »kein neueres und beliebteres Kinderspielzeug auf dem Markte« beworben – mit Erfolg: Rund hundert Stück verkaufte Margarete Steiff noch im selben Jahr. 1884 verdreifachte sich das Ergebnis, 1885 waren es bereits sechshundert Exemplare, und ein Jahr später stieg die Zahl der abgesetzten Elefanten sprunghaft auf 5.066 an.

Sie neigte dazu, sämtliche Aufgaben in eigener Regie zu erledigen

Bis 1890 erweiterte sie ihr Angebot durch einen Affen, eine Giraffe, ein Kamel und Haustiere wie Esel, Pferd und Schwein, die es auch mit einem fahrbaren Untergestell auf vier Rädern gab. Ein Grund für das besonders rege Interesse an den exotischen Tieren waren die in der zweiten Hälfte des 19. Jahrhunderts in vielen deutschen Städten entstandenen zoologischen Gärten, wo fremde Arten vorgestellt wurden, die Forscher und Abenteurer auf ihren Reisen in ferne Länder entdeckt und eingefangen hatten.

Die schwäbische Geschäftsfrau neigte dazu, sämtliche Aufgaben in eigener Regie zu erledigen. »Über allem waltete der Geist von Margarete Steiff, die nicht müde wurde, den immer zahlreicher eingestellten Arbeiterinnen persönlich Unterweisung zu geben und das Werden ihrer Erzeugnisse zu überwachen« – so wird ihr Arbeitseinsatz in einer Festschrift des Unternehmens aus dem Jahr 1930 beschrieben. Einen großen Beitrag zum Aufstieg des jungen Betriebs leistete jedoch auch ihr jüngerer Bruder Friedrich, der 1887 den Baubetrieb des Vaters übernommen hatte. Auf den Wochenmärkten der Umgebung verkaufte er in wenigen Tagen die Produktion von Wochen, und da das elterliche Haus nicht mehr genug Platz für die expandierende Firma Steiff mit vier festen Angestellten und doppelt so vielen Heimarbeiterinnen bot, projektierte er für seine Schwester ab 1890 ein Wohn- und Geschäftshaus mit Schaufenstern in der Mühlstraße. 1892 wurden bereits 256 Steiff-Spielzeugartikel auf 22 illustrierten Katalogseiten angeboten. Ein Jahr später ließ Margarete Steiff die Firma als Filz-Spielwaren-Fabrik in das Handelsregister eintragen. Zugleich stellte sie einen Reisevertreter ein, der für die Erweiterung des Absatzgebiets sorgen sollte.

Von Anfang an hatte sie auf höchste Qualität bei der Produktion der Spieltiere gesetzt, die »auf Naturähnlichkeit« und »auf möglichste Unverwüstlichkeit« berechnet waren – und konnte sich mit diesem Konzept erfolgreich gegen die in der zweiten Jahrhunderthälfte wachsende Zahl der Konkurrenten der in Deutschland boomenden Spielzeugbranche behaupten. Zum internationalen Marktführer wurde Steiff um 1900 jedoch erst, als die Söhne und Töchter ihres Bruders Friedrich, also ihre Neffen und Nichten, die schon als Kinder in ihrer Nähstube gespielt hatten, Schlüsselpositionen in der Firma übernahmen. Fast alle hatten eine hervorragende Ausbildung erhalten. Paul, der auf die Kunstgewerbeschule in Stuttgart gegangen war, kümmerte sich um die Optimierung der serienmäßigen Herstellung der Spielwaren und reiste 1898 nach Amerika, um dort den Markt zu sondieren. Franz, der das

Handwerk des Webers gelernt hatte, war für den Einkauf der Stoffe zuständig und schuf die Voraussetzungen für die europaweite Expansion der Fabrik, indem er Musterlager in London (1899), Florenz (1900), Amsterdam (1901), Lissabon und Wien einrichtete. Otto arbeitete ab 1902 in der kaufmännischen Geschäftsführung. Die Nichte Lina betätigte sich von 1898 bis zu ihrer Heirat 1905 als Leiterin der Nähabteilung, ihre Schwester kontrollierte die Filialen, bei denen die zahlreichen Heimarbeiterinnen ihre Produkte ablieferten.

Zum wichtigsten Mitarbeiter von Margarete Steiff wurde jedoch Neffe Richard, der 1897 als Erster begonnen hatte, im Geschäft der Tante zu agieren. Auf der Messe in Leipzig, wo Steiff im selben Jahr erstmalig mit einem eigenen Messestand vertreten war, knüpfte er die ersten internationalen Kontakte. In der Folgezeit entwarf der begabte Erfinder Figuren mit beweglichen Gliedmaßen, sogenannte Charakterpuppen, einen Mechanismus, der die Tiere Purzelbäume schlagen ließ, sowie den riesigen Flugdrachen »Roloplan«. Zudem beschäftigte er sich mit Brummstimmen, die bereits in den Anfangsjahren in den Tieren installiert wurden. 1901 erschien der Steiff-Katalog mit fast fünfhundert verschiedenen Spieltieren auf Deutsch, Englisch und Französisch.

Entscheidend für die Zukunft des Unternehmens wurde der von Richard 1902 entwickelte bewegliche Plüschbär mit der Artikelbezeichnung »Bär 55 PB«. Margarete Steiff, die sich das Zepter von der nachfolgenden Generation nicht aus der Hand nehmen ließ und jedes Detail überwachte, war nicht besonders begeistert von dem plumpen Prototyp, der im Handel stolze acht Mark kosten sollte. In den USA avancierte »55 PB« jedoch schon ein Jahr später zum Bestseller. Da der amtierende Präsident Theodore Roosevelt ein leidenschaftlicher Bärenjäger war, wurde er als »Teddy«-Bär zum nationalen Symbol. Auch für den Fall der daraufhin rapide ansteigenden Nachfrage nach »Teddy« hatte Richard vorgesorgt. 1903 und 1904 wurden zwei neue Produktionsstätten in Giengen errichtet, die über 7.000 Quadratmeter Arbeitsfläche boten. Die von ihm entworfenen Eisen-Glas-Konstruktionen nehmen in ihrer funktionalen Schlichtheit die Meilensteine der modernen deutschen Industriearchitektur von Walter Gropius und Peter Behrens vorweg.

Ihr Vorbild an Tatkraft und Disziplin war das beste Motivationstraining für die fast vierhundert Angestellten

Margarete Steiff, die alle Pläne des Neffen nach gründlicher Prüfung genehmigte, bestand ihrerseits auf der Anbringung einer Rampe, die ihr mit dem Rollstuhl einen bequemen Zugang zu den Gebäuden ermöglichte. Bis zu ihrem Tod 1909 hatte sie ihren Stammplatz im zweiten Stock und leistete durch ihr eigenes Vorbild an Tatkraft und Disziplin tagtäglich das beste Motivationstraining für ihre jetzt fast vierhundert meist weiblichen Angestellten.

Mit ungebremstem Elan traf die bald Sechzigjährige noch in ihren letzten Lebensjahren für die Zukunft der Firma bedeutende Entscheidungen: Um die Steiff-Spielwaren von den Plagiaten und billigen Nachahmungen der Konkurrenz abzusetzen, sollte ab 1904 jedes Tier mit einem Metallknopf im linken Ohr gekennzeichnet werden – das Markenzeichen hat sich leicht modifiziert bis heute gehalten. Zwei Jahre später folgte die Gründung der Margarete Steiff GmbH, in der die Seniorchefin und ihre drei Neffen Richard, Paul und Franz als Geschäftsführer agierten. Damit garantierte sie im Fall ihres Todes den übergangslosen Fortbestand ihres Lebenswerks. 1907, das mit fast einer Million produzierter Teddys als »Bärenjahr« in die Geschichte des Unternehmens einging, durfte Margarete Steiff noch erleben. Zwar fiel Amerika aufgrund der dort herrschenden Wirtschaftskrise als Abnehmer aus, doch da man inzwischen in ganz Europa, von Portugal bis Schweden, Handelsbeziehungen aufgebaut hatte, konnte die Ware dennoch verkauft werden.

Müßiggang kam für die 1909 verstorbene Firmenchefin, die zu den großen weiblichen Industrieführern zählt, trotz des erlangten Wohlstands bis zu ihrem letzten Tag nicht infrage. Besonders großes Vergnügen bereitete es aber der technikbegeisterten Dame im Rollstuhl, sich von ihren Neffen im Motorrad-Beiwagen durch die schwäbische Provinz kutschieren zu lassen.

Das Unternehmen Steiff ist bis heute in Familienbesitz. Das Erbe der Firmengründerin wird durch zahlreiche museale Institutionen gepflegt. Ihr Geburtshaus in Giengen ist zu besichtigen, und im Jahr 2005 wurde das Erlebnismuseum Steiff eröffnet, in dem traditionelle Fertigungsmethoden der Stofftiere vorgeführt werden. Höchste Preise werden von Bärenliebhabern, den sogenannten Arktophilen, für Steiff-Teddys auf Auktionen erzielt – berühmtes Beispiel ist »Teddy-Girl« aus der Bärensammlung des Briten Bob Henderson. Das Bärenmädchen wurde 1994 für heute umgerechnet rund 130.000 Euro an ein Teddybär-Museum in Japan verkauft.

Coco Chanel

1883–1971 Modedesignerin

Noch heute sind sie für jede Frau ein Begriff: »Chanel N° 5«, das »Chanel-Kostüm« oder auch das »Kleine Schwarze«. Sie wurden zu Chiffren in der Mode des 20. Jahrhunderts und ihre Erfinderin zu der wohl populärsten Modeschöpferin einer ganzen Epoche. Den Grundstein für ihr Imperium legt Coco Chanel vor nunmehr hundert Jahren, mitten im Ersten Weltkrieg.

Der im südfranzösischen Saumur geborenen kleinen Gabrielle – so ihr eigentlicher Vorname – sind Erfolg und gesellschaftlicher Aufstieg keineswegs in die Wiege gelegt. Als Tochter eines Hausierers, dessen Frau früh verstirbt und der sich wenig um seine Kinder kümmert, wächst sie bis zu ihrem 20. Lebensjahr in einem Waisenhaus auf. Von den Ordensschwestern lernt sie Sticken und Nähen, womit sie sich anschließend in einem Wäschegeschäft in Moulins ihren Lebensunterhalt verdient.

Doch sie ist ehrgeizig, versucht sich selbst als Putzmacherin – und als Chansonette in einem »Tingeltangel«, das gern von den Offizieren der Garnisonsstadt besucht wird. Die hübsche Gabrielle erhält viel Beifall, wenn sie *Ko Ko Ri Ko* und *Qui qu'a vu Coco dans l'Trocadéro* trällert, und bald heißt sie beim Publikum nur noch »la petite Coco«. Der Name Coco Chanel ist geboren. Die »kleine Coco« ist eine bezaubernde Schönheit – da stört es keineswegs, dass sie nicht immer die richtigen Töne trifft. Zu ihren Bewunderern gehört auch der reiche Erbe Étienne Balsan, der sie 1906 mit auf sein Schloss Royallieu nimmt. Hier genießt Coco erstmals ein ausgesprochen luxuriöses Leben in einer für sie völlig neuen Welt. Balsan bringt ihr die notwendige Etikette bei und macht sie mit Frauen und Männern der Pariser Gesellschaft bekannt. Unter ihnen ist der reiche Engländer und Polospieler Arthur »Boy« Capel, der sich in die selbstbewusste Coco verliebt, die einfache Strohhüte trägt, sich entgegen der Konvention enge Reithosen schneidern lässt und selbstverständlich im Herrensitz reitet. Capel wird Cocos große Liebe bis zu seinem frühen Tod 1919. Sie folgt ihm nach Paris, wo ihr jedoch das beschränkte Leben einer Mätresse nicht reicht. Aus ihrer kargen Zeit im Kloster an regelmäßiges Tätigsein gewohnt, sucht sie nach einer Beschäftigung und wendet sich wieder den Hüten zu. Ihre Kreationen, so ganz ohne aufgetürmten Putz, Blumen und Federzeug, begeistern ihre Pariser Freundinnen. 1910 kann sie dank der finanziellen Unterstützung ihrer Liebhaber einen Hutsalon in der Rue Cambon Nr. 21 eröffnen und drei Jahre darauf eine Boutique in dem Luxusbadeort Deauville an der normannischen Küste. Als sie dort die Damen sogar am Strand in eng geschnürten Kleidern, überbordenden Hüten und spitzen Schuhen sieht, wagt sie einen Gegenentwurf. In männlich geschnittenem Kostüm, das durch seinen Stoff – bis dahin nur für männliche Unterwäsche verwendeter englischer Jersey – an die Pullover der Stallburschen erinnert, in bequemen Schuhen und einem Panamahut auf dem Kopf flaniert sie auf der Promenade: Mit ihren dunklen Augen, den kurzen Haaren und gebräunter Haut ist sie selbst ihr bester Werbeträger.

Ihr unkonventioneller Stil besticht durch eine gelungene Mischung aus Schlichtheit und Extravaganz und zieht die Blicke auf sich. Die Frauen in Deauville lieben die lockere, gerade Silhouette, die ein Korsett überflüssig macht – gerade das Richtige für das ungezwungene Leben im sommerlichen Seebad. Als nach Kriegsbeginn die Damen der Gesellschaft aus der gefährdeten Hauptstadt fliehen und die Villen in Deauville bevölkern, werden Coco Chanels praktische und dennoch schicken Kleider und Hüte zur modischen Pflicht. Am Ende dieses ersten Kriegssommers hat Coco 200.000 Goldfranken verdient – »der Stall hatte die Tribünen erobert!«, so ihr Kommentar.

»Eine Welt ging zu Ende, eine andere entstand. An diesem Übergang befand ich mich, eine Chance bot sich, und die ergriff ich. Ich hatte das richtige Alter für dieses neue Jahrhundert. Es wandte sich logischerweise an mich, um sich in der Kleidung zum Ausdruck zu bringen. Es brauchte Schlichtheit, Bequemlichkeit, klare Linien. Dies alles konnte ich bieten.«
Coco Chanel in ihrer Biografie, 1946

Erfolg macht hungrig. 1916 eröffnet Coco Chanel in Biarritz an der französischen Atlantikküste ein drittes Modegeschäft. Damals heißt es in Frankreich: »An der Front sind die Leidenden, in Paris die Schwätzer, in Deauville die Wartenden, in Biarritz die Nutznießer.« Coco hofft auf die Letzteren und auf die Kundschaft aus dem nahen, neutralen Spanien. Ihre Rechnung geht auf. Ihre neue Mode begeistert auch im Süden Frankreichs. Binnen weniger Monate sind im dortigen Atelier schon 60 Näherinnen beschäftigt, doch verlegt sie bald die gesamte Produktion nach Paris, von wo aus sie ihre Boutiquen beliefert. Inzwischen arbeiten schon 300 Näherinnen für sie. Ein neues Modehaus entsteht in der

Rue Cambon Nr. 31, wo sich noch heute das Hauptatelier und ein Flaggschiff ihrer weltweiten Boutiquen befinden. Am Ende des Krieges ist Coco Chanel eine unabhängige und vermögende Frau.

Der große und schnelle Erfolg in diesen Jahren beruht auch darauf, dass es kriegsbedingt kaum männliche Branchen-Konkurrenz gibt; die Modeschöpfer arbeiten nahezu alle für die französische Armee. Unabhängig davon aber zeichnen Coco Chanel eine sensible Wahrnehmung gegenüber Zeitströmungen und ein außerordentliches Stilgefühl aus. Und sie hat Vertrauen in ihren eigenen Schönheitssinn. Dies sind die Eigenschaften, die sie in den Zwanzigerjahren zu einer unangefochtenen Mode-Ikone werden lassen.

Der Krieg und die Revolutionen haben das Leben der europäischen Frauen verändert. Ohne Männer vielfach auf sich gestellt, werden sie selbstbewusster und aktiver. Auch immer mehr bürgerliche Frauen drängen in Berufe und in die Öffentlichkeit, und sie erwarten von ihrer Garderobe Bequemlichkeit und Bewegungsfreiheit, ohne dafür auf Anmut verzichten zu müssen. In einer Funktionalität und Schönheit verbindenden Mode erfüllt Coco Chanel ihre Wünsche und setzt Maßstäbe, die auch noch hundert Jahre später gültig sind. Unabhängig und fest im Leben stehend, verkörpert und kreiert sie zugleich das Bild der »neuen Frau«, die mit Bubikopf, gerade geschnittenen Kleidern und eng anliegenden Hüten den Aufbruch in eine neue Zeit symbolisiert.

Elsa Schiaparelli

1890–1973 Modedesignerin

Sie war der Paradiesvogel der Pariser Modeszene der 1930er-Jahre. Die Modedesignerin Elsa Schiaparelli schuf ausgefallene, mitunter sogar provozierende Entwürfe und ließ sich dabei von den Dadaisten und Surrealisten inspirieren. Darin unterschied sie sich von ihrer ebenfalls sehr erfolgreichen Konkurrentin Coco Chanel, die auf funktionale Schlichtheit setzte und Schiaparelli gerne etwas herablassend als »diese Italienerin, die Mode macht« bezeichnete. Die so Gescholtene wirbelte mit ihren Ideen sehr erfolgreich durch die Modewelt und bewies dabei, dass Kleidung nicht nur schön, sondern auch unterhaltsam sein kann.

Der Weg zum Erfolg

Kindheit und Jugend verbrachte Elsa Schiaparelli in Rom. Ihre von reicher Fantasie getragenen Lebensvorstellungen passten so gar nicht zu dem bürgerlichen, streng religiösen Elternhaus, von dem sie sich früh löste. Rebellisch und widerspenstig sei sie gewesen, so gesteht sie selbst in ihrer Autobiografie »Shocking Life«, auch dass sie den Namen Elsa, eine Kurzform von Elisabeth, nie gemocht habe. Sie ließ sich lieber kurz und frech »Schiap« nennen. Als junge Frau reiste sie quer durch Europa, verliebte sich in einen

Theosophen, dem sie nach Amerika folgte. Kurz vor der Geburt ihres gemeinsamen Kindes verließ er sie. Als sie 1922 nach Europa zurückkehrte und sich in Paris niederließ, war sie Anfang 30, alleinerziehend und musste dringend Geld verdienen. Sie entschloss sich einigermaßen tollkühn, ihre »wilden« Ideen zu nutzen, um als Modeschöpferin zu arbeiten. Das erwies sich naturgemäß als nicht so einfach, denn sie hatte in Rom zwar Philosophie studiert, aber nie eine gestalterische Ausbildung erhalten. In einem der Modehäuser, in denen sie sich vorstellte, sagte man sogar zu ihr, sie habe nicht die geringste Ahnung von Mode und solle lieber Kartoffeln anpflanzen.

Doch dann verhalf ihr eine grandiose Idee zum Erfolg. 1928 kreierte sie einen schicken schwarzen Strickpullover, der mit einer eingearbeiteten weißen Schleife einen völlig neuartigen *Trompe-l'œil*-Effekt aufwies. Mit dieser kreativen Schöpfung erregte sie sofort Aufsehen und war plötzlich im Geschäft. Sie mietete ein Studio und entwarf weitere Pullover mit ungewöhnlichen Motiven, zum Beispiel mit eingestrickten Seemannstätowierungen, Krawatten oder mit Handschuhen auf den Hüften. Schon bald erweiterte sie ihr Sortiment um ebenso extravagante wie schicke Röcke und Kleider. Ihre Entwürfe trafen den Nerv der Zeit und erfüllten das Bedürfnis der Kundinnen nach Glanz und Glamour. 1930 wurde ihr erstes Abendkleid in der Modezeitschrift *Vogue* gezeigt. Plötzlich war es »in«, ihre Entwürfe zu tragen. Stars wie Joan Crawford, Gloria Swanson, Greta Garbo oder Mae West rissen sich um ihre Mode. 1934 hatte sie bereits acht Boutiquen in Paris und eine weitere in London.

Von der Kunst beeinflusst

In den 1930er-Jahren schuf Elsa Schiaparelli ihre bekanntesten Kreationen und entwickelte dabei aufsehenerregende Neuheiten. Sie erfand den Hosenrock und polsterte Schultern mit Watte auf, etablierte den Reißverschluss in der Abendgarderobe und machte Furore mit dem asymmetrischen Diana-Dekolleté, bei dem eine Schulter nackt bleibt. Bei den Kleidern zeigte sich ihre Ideenvielfalt nicht nur in den raffinierten Schnitten, sondern auch in den Stoffen. Sie entwarf Stoffdrucke mit Zeitungsartikeln, Clowns oder Luftballons und setzte gerne kräftige Farben ein. Zu ihrem Markenzeichen wurde ein leuchtendes Magenta, das sie *shocking pink* nannte.

Zum Teil entstanden ihre Entwürfe in Zusammenarbeit mit den Pariser Künstlern und Intellektuellen, denen sie auch freundschaftlich verbunden war. Jean Cocteau skizzierte Stoffmuster für sie, Salvador Dalí inspirierte »Schiap« zu ihrem berühmten »Skelettkleid«, das in raffinierten Steppungen den Knochenaufbau auf schlichtem Schwarz nachbildet. Mit Dalí erfand sie auch die berühmte Telefontasche aus schwarzem Samt mit goldener Wählscheibe. Überhaupt Accessoires: Sie war die erste Modemacherin, die neben Kleidung auch Handschuhe, Gürtel, Hüte und Schuhe entwarf. Auch hierbei experimentierte sie mit Materialien, Formen und Farben. Ihre oft surrealen Hutkreationen hatten etwa die Form eines umgedrehten Schuhs, eines Tintenfasses oder eines Lammkoteletts. Sie kreierte Knöpfe in Form von Vorhängeschlössern, Handschuhe mit eingestrickten Fingernägeln oder Halsketten, die wie aufgefädelte Aspirintabletten aussahen.

Stilprägend bis in die Gegenwart

In den späten 1930er-Jahren schuf Elsa Schiaparelli ihre Kollektionen nach Themen. So präsentierte sie im Jahre 1937 für ihre »Musikkollektion« ganze Kleider mit Noten- und Musikinstrumenten-Dekor. In die »Zirkuskollektion« brachte sie 1938 Clown- und Zirkuspferdmotive ein, und für die »Astrologiekollektion« (1938) entwarf sie Tierkreiszeichen und aufgestickte Sternenhimmel.

Trotz ihres großen Erfolgs blieb Elsa Schiaparelli privat eher verschlossen. Sie hatte viele Liebhaber, heiratete jedoch nicht. Nach dem Ausbruch des Zweiten Weltkriegs verließ sie Paris. Als sie 1945 aus New York zurückkehrte, war die Zeit der farbigen, extravaganten Mode vorbei. Gefragt war nun eher der elegante, zurückhaltende Look. 1952 schloss sie ihr Atelier und zog sich aus der Modewelt zurück; 1973 starb sie an den Folgen eines Schlaganfalls.

Ihre provokanten Einfälle aber prägten die Mode weiterhin und hatten Einfluss auf Nachfolger wie Yves Saint Laurent, John Galliano oder Miuccia Prada. Und noch heute wirken ihre Entwürfe nicht weniger aufregend und ungewöhnlich als zu der Zeit ihrer größten Erfolge. »Kleidermachen ist für mich kein Beruf, sondern eine Kunst«, schrieb sie in ihrer Autobiografie. Und als Kunst bleiben ihre Kreationen unvergesslich.

Beate Uhse

1919–2001 Expertin für Sex

Hoch hinaus wollte sie schon immer. Bereits als Achtjährige plante sie, mithilfe selbst gebauter Flügel aus Putenfedern gleich Ikarus gen Himmel zu steigen – und fiel ganz unsanft vom Dach eines Schuppens auf den Kiesweg. Fliegerin wollte sie dennoch werden, erst recht, als sie von Charles Lindberghs Flug über den Atlantik hörte. Es war das Jahr 1927. Beate Köstlin lebte mit ihren Eltern und den Geschwistern Ulrich und Elisabeth in dem ostpreußischen Dorf Wargenau, unweit vom Ostseebad Cranz (heute Selenogradsk). Auf dem Gut, das der Vater zwei Jahre zuvor erworben hatte, war sie am 25. Oktober 1919 zur Welt gekommen. Otto Köstlin, ein Landwirt, entstammte einer alten württembergischen Familie von Juristen und Pastoren, die Mutter Margarete Räntsch wuchs in einem sehr wohlhabenden Berliner Haushalt auf. Sie war eine der ersten Medizinstudentinnen Preußens und arbeitete auch noch in den ersten Ehejahren als Kinderärztin. Alle drei Kinder der Köstlins erhielten eine ausgesprochen liberale Erziehung, die Eltern ließen ihnen weitgehende Freiheiten, boten ihnen aber jederzeit Rat und Unterstützung.

Ihre Tochter schickten sie auf die »Schule am Meer« auf der Nordseeinsel Juist, ein nach reformpädagogischen Prinzipien ausgerichtetes Landschulheim, wo die Mutter eine liberale Erziehung für ihre Jüngste weiterhin gewährleistet sah. Naturverbundenheit, Freude an kreativem Gestalten, an Literatur, Theaterspiel, Musik, Sport und vor allem die Förderung der Persönlichkeit jedes Einzelnen gehörten zum Unterrichtsprogramm des Internats. Ähnlich war die Odenwaldschule in Hessen organisiert, in die sie nach zwei Jahren wechselte. Mit sechzehn beschloss Beate, von dieser abzugehen – gegen den Willen der Mutter. Aber wozu Abitur, wenn sie doch nicht studieren würde? Fliegen – das sollte es sein; der Kindertraum war nicht vergessen. Als Austauschschülerin und Au-pair-Mädchen ging sie für ein Jahr nach England, um dort die Sprache zu lernen, und ein halbes Jahr später, im August 1937, absolvierte sie auf dem Flugplatz Rangsdorf bei Berlin ihre erste Flugstunde – als einzige Frau unter sechzig männlichen Flugschülern. Für »Maxe«, wie die Kollegen das burschikose Mädchen bald nannten, war das kein Problem, hatte sie sich den Jungen doch schon immer näher gefühlt als ihren Geschlechtsgenossinnen. Diese schienen ihr »alberne Wesen zu sein, wehleidig, maulig – und nicht sportlich genug«.

Bereits im Oktober, zu ihrem achtzehnten Geburtstag, hatte Beate Köstlin den A2-Schein für Motorflieger in der Tasche und nahm danach erfolgreich an nationalen und internationalen Wettkämpfen teil. Mit neunzehn Jahren trat sie dann eine Stelle als »Einfliegerin« fabrikneuer Maschinen an. Sie war am Ziel ihrer Wünsche. Sie liebte ihre Arbeit als Pilotin – und sie liebte nun auch Hans-Jürgen Uhse, ihren zehn Jahre älteren Fluglehrer. Am 10. Oktober 1939 wollten sie heiraten, doch schon wenige Wochen nach Kriegsbeginn, am 28. September, erhielt Uhse den Einberufungsbefehl. Noch am selben Tag wurde in der Mittagspause, zwischen zwei Flügen, aus Fräulein Köstlin Beate Uhse. Zum Hochzeitsmahl gab es Erbsensuppe mit Bier in der Kantine.

Auch Beate Uhse überführte nun Maschinen für das Militär und wurde 1944 im Rang eines Hauptmanns in die Luftwaffe übernommen. Als Deutsche »habe sie ihre Pflicht für ihr Land getan«, so formulierte sie es später in ihren Erinnerungen »Mit Lust und Liebe«.

Am 30. Mai 1944 verunglückte Hans-Jürgen Uhse tödlich in seiner Maschine und ließ sie und den im Sommer 1943 geborenen Sohn Klaus allein zurück.

Beate Uhse flog weiter bis zum Ende des Krieges. Am 21. April 1945, die Rote Armee stand vor den Toren Berlins, gelang es ihr unter abenteuerlichen Bedingungen, im letzten Moment ihren kleinen Sohn und das Kindermädchen Hanna auszufliegen. Mit ihrer Staffel kam sie bis Leck in Nordfriesland, geriet dort in britische Gefangenschaft und wurde sechs Wochen später nach Braderup gebracht, nur wenige Kilometer von der dänischen Grenze entfernt.

Sexualität war für sie aufgrund ihrer liberalen Erziehung niemals ein Tabu gewesen

Braderup war wie ganz Schleswig-Holstein voll von Flüchtlingen, die aus Pommern und Ostpreußen gekommen waren. Unterkünfte gab es so gut wie keine, denn auf die dreihundert Einwohner des Dorfes kamen siebenhundert Flüchtlinge. Man wies ihr, Sohn Klaus und Hanna die Schulbücherei zu. Doch wovon sollten die drei existieren? Mit der Fliegerei war es erst einmal vorbei. Und nachdem

Beate einmal quer durch Deutschland auf der Suche nach ihren Angehörigen geradelt war – ihren Bruder fand sie in Süddeutschland, ihre Eltern hatten das Kriegsende in Pommern nicht überlebt –, arbeitete sie zunächst für einige Bauern von Braderup. Doch schon bald suchte sie nach einem Ausweg aus diesem armseligen Leben. Nach kleineren Schwarzmarktgeschäften tat sich schließlich per Zufall eine neue Einnahmequelle auf. Sie ahnte nicht, dass dies der Start eines millionenschweren Imperiums sein würde.

In ihrer Umgebung erlebte sie immer wieder die Verzweiflung der Frauen, die ungewollt schwanger wurden. Wie sollten sie in diesen Zeiten der Not, in denen sie selbst nicht genug zu essen hatten, es keine Wohnungen gab, die Menschen im Winter an Entkräftung starben, ein Kind durchbringen? Abtreibung stand unter Strafe, aber Verhütungsmittel gab es keine mehr. Wie konnte man eine Schwangerschaft verhindern? Beate Uhse wusste Rat. Sexualität war für sie aufgrund ihrer liberalen Erziehung niemals ein Tabu gewesen, und sie kannte sich aus mit den nach der Knaus-Ogino-Methode errechneten empfängnisfreien Tagen der Frau. Dieses Wissen gab sie nun an die Frauen von Braderup weiter. Bald kam sie auf die Idee, Aufklärung und Verdienst zu koppeln. Sie entwarf einen entsprechenden Text mit dem Titel »Schrift X« und ließ ihn für fünf Pfund Butter in einer Auflage von zweitausend Stück in Flensburg drucken. Mit einer Postwurfsendung, verteilt in den größeren umliegenden Ortschaften Heide und Husum, bot sie die für zwei Reichsmark an. Im Jahr 1947 wurde »Schrift X« immerhin 32.000 Mal angefordert. Erste größere Gewinne nach der Währungsreform im Juni 1948 ließen dann die Erweiterung des Versandgeschäfts mit

Aufklärungsbüchern wie »Die vollkommene Ehe«, Präservativen und einem sogenannten »Anregungsmittel« zu.

Inzwischen hatte Beate sich wieder verliebt – in Ernst-Walter »Ewe« Rotermund. Der gut aussehende, sportliche und geschickte Geschäftsmann brachte Kenntnisse im Versandhandel mit – und seine beiden Kinder. Gemeinsam zogen sie zu Rotermunds Tante, einer Pastorenwitwe, in das Pfarramt St. Marien in Flensburg, und es dauerte nicht lange, da wurde Beate von Ewe schwanger. Im Mai 1949 brachte sie Sohn Ulrich zur Welt – allein, denn Ewe wollte erst einmal in Argentinien sein Glück versuchen. Nach seiner reumütigen Rückkehr wurde im Herbst desselben Jahres aus Beate Uhse Beate Rotermund.

In eineinhalb Zimmern und einem angemieteten Kellerraum wickelte das Ehepaar Rotermund nun die Geschäfte ab: »Morgens fand ich meistens ein Dutzend Aufträge im Schließfach vor. Dann hieß es Präservative und Aufklärungsbücher verpacken, Begleitschreiben verfassen. Mittags verließ ich das Kellerloch. Schnell einkaufen, kochen, essen. Anschließend schob Ewe los, und ich blieb bei den Kindern. Er bestellte Ware und brütete über neuen Werbemitteln ... Wenn die Kinder schliefen, legten wir im Kellerloch noch eine Schicht ein. Adressen schreiben, Briefe beantworten.« Aus den Dutzend Aufträgen täglich wurden bald hundert und mehr, und das Sortiment gewann an Vielfalt. 1951 erfolgten die Eintragung des »Versandhauses Beate Uhse« in das Flensburger Handelsregister, die Anmietung von Büroräumen und die Einstellung von Mitarbeitern. Und es kamen die ersten Anklagen mit dem Vorwurf der Unzucht. In den Fünfzigerjahren war der Verkauf von Präservativen an Unverheiratete gesetzlich nicht erlaubt, und Beate Rotermund musste sich in den nächsten Jahrzehnten mit ihren Anwälten immer wieder gegen Ermittlungen der Staatsanwaltschaft, Hausdurchsuchungen und Publikationsverbote zur Wehr setzen. Sie trat für eine Liberalisierung der Sitten ein, war jedoch weit entfernt von einem sozialen Sendungsbewusstsein, denn, wie sie betonte, sie sei keine Missionarin, sondern Geschäftsfrau. Darin unterschied sie sich von Oswalt Kolle, der sich Ende der Sechzigerjahre mit seinen Aufklärungsfilmen in öffentliche Diskussionen über die kleinbürgerliche Doppelmoral einmischte und für eine befreite Sexualität in der Bundesrepublik kämpfte. Dennoch – an der sexuellen Revolution Ende der Sechzigerjahre hatte der diskrete Erotikversandhandel von Beate Uhse einen beträchtlichen Anteil. »Sie hat mehr für den Orgasmus der Frauen getan als ich«, sollte Oswalt Kolle später feststellen.

Im Jahr 1958 betrug ihr Umsatz über drei Millionen Mark, die Zahl der Kunden 600.000. Beate Uhse produzierte nun auch selbst: Sie übernahm einen Verlag, druckte Aufklärungsschriften, erotische Romane, Magazine, erstellte Aktfotografien, richtete eine Dessouswerkstatt ein und begann in den Siebzigern mit einer eigenen Pornofilmproduktion.

Sie führte ihr Unternehmen von Erfolg zu Erfolg

1962 eröffnete sie in Flensburg den ersten Beate-Uhse-Laden, ein »Fachgeschäft für Ehehygiene und Fachbuchhandlung«, den ersten »Sex-Shop der Welt«, wie es in der Presse hieß. Es folgten weitere in Hamburg, Frankfurt am Main, Berlin und schließlich in allen größeren deutschen

Städten. Sechs Jahre später konnte sie ihre neue Firmenzentrale in Flensburg einweihen, eine achteckige moderne Bürolandschaft, von den Journalisten kurzerhand auf das »Sex-Eck« reduziert und von den Honoratioren der Stadt in den höchsten Tönen gewürdigt. Beate Uhse, längst größter Arbeitgeber und bester Steuerzahler Flensburgs, war zu ihrem Aushängeschild geworden – noch einige Jahre zuvor hatte der ortansässige Tennisclub ihr die Mitgliedschaft aus »generellen Gründen« verwehrt.

So führte sie ihr Unternehmen von Erfolg zu Erfolg. Angesichts ihrer Zahlen ließ sie sich auch nicht durch die Angriffe von Alice Schwarzer und anderen Feministinnen aus der Ruhe bringen. Der Vorwurf, Pornografie erniedrige die Frau und degradiere sie zu Objekten männlicher Lust, prallte an ihr ab. Nach dem Fall der Mauer steigerte sich nochmals der Umsatz, auf insgesamt 115 Millionen Mark. Zwei Jahre darauf war jeder zweite Stammkunde ein Ostdeutscher.

Ihr Siegeszug auf dem Gebiet von Erotik, Sex und Pornografie erwies sich allerdings nicht als Garant für ein harmonisches Eheleben. Nach den gemeinsamen Gründerjahren, die glücklich waren, begann Ewe schon bald, seine Frau zu betrügen. Beate litt und hielt still, wartete, hoffte auf die Zukunft. Doch dann lernte sie den fünfundzwanzig Jahre jüngeren John Holland kennen, einen farbigen Amerikaner aus New York, und das verzieh Ewe ihr nie. 1972 wurden die Rotermunds geschieden, nach einer herabwürdigenden Schlammschlacht in der Presse, angezettelt von dem Noch-Ehemann.

Beate Uhse ordnete ihr Leben neu. Sie übergab ihren Söhnen mehr Verantwortung in der Firma, lernte Fallschirmspringen, spielte Tennis, flog wieder begeistert mit ihrer Cessna. Und sie genoss das Zusammensein mit John. Fast zehn Jahre blieben die beiden ein Paar; sie schieden als enge Freunde. Beate war da Anfang sechzig und lebte noch immer in einer der ehemaligen Wehrmachtsbaracken am Rüder See, in der Nähe von Glücksburg. Dort war es so beengt, dass sie hier einst mit ihrem Exmann und den Kindern draußen in einem Zelt geschlafen hatte – und das über viele Jahre. Ewe, der Naturapostel, hatte darauf bestanden. Damit war es jetzt vorbei. An der Flensburger Förde ließ sie sich eine moderne Villa bauen, vierhundert Quadratmeter groß, mit einer Squashhalle im Keller. Zur Ruhe setzte sie sich aber noch lange nicht, auch wenn sie in den Achtzigerjahren etliche Krankheiten und den frühen Tod ihres Sohnes Klaus verkraften musste. Doch mit siebzig hatte sie ihren Optimismus wiedergefunden, lernte Tauchen, Golfen, wie einst das Fliegen – ihre wohl größte Leidenschaft, die sie erst mit sechsundsiebzig Jahren aufgab.

Ende der 90er-Jahre zog sich Beate Uhse-Rotermund nach und nach aus dem Unternehmen zurück, das 1999 an die Börse gegangen war. Heute exportiert das Unternehmen seine Produkte in über sechzig Länder, dabei werden nicht nur Männer, sondern auch Frauen angesprochen. Da Beate Uhse das soziale Engagement stets wichtig war, gründete sie eine Stiftung, die Menschen (und vor allem Frauen) in Not helfen will. Sicherlich in ihrem Interesse ist gewesen, dass die Firma 2005 einen Unternehmerinnen-Preis auslobte, der seither jährlich vergeben wird. Am 16. Juli 2001 verstarb Beate Uhse in der Schweiz, in einer Klinik in St. Gallen. »Die Größte im Unaussprechlichen« – so hatte sie einst das Männermagazin *Penthouse* geehrt.

Anna Sacher

1859–1930 Hotelbesitzerin

Wer das Sacher durch den Hoteleingang in der Philharmonikerstraße betritt, kommt nicht an Anna Sacher vorbei: Mit wachsamem Auge, den Nerz locker über die Schultern gelegt, blickt sie von ihrem Gemälde hinter dem Empfangstresen auf die Neuankömmlinge herab. Aufmerksam, wie man es von ihr kannte. Einer Anna Sacher entging nur selten etwas.

Als Eduard Sacher und die Fleischhauerstochter Anna Fuchs 1880 heirateten, war Eduard 37 Jahre alt und ein bereits über die Stadtgrenzen hinaus bekannter Hotelier und Gastronom. Sein Vater Franz, ebenso Gastronom und Erfinder der berühmten Sacher-Torte, hatte den Sohn beim Bau des Hotels auf dem Grundstück des ehemaligen Kärntnertortheaters finanziell unterstützt. Im eleganten Hotel de l'Opera, direkt hinter der 1869 eröffneten k. u. k. Hofoper (der heutigen Wiener Staatsoper), gaben sich Wiens Aristokratie, Mitglieder des Kaiserhauses und ausländische Würdenträger ein Stelldichein. Hier wurde Politik gemacht, der neueste Tratsch und Klatsch verbreitet und vor allem vorzüglichst gespeist.

Anna, gerade einmal 21 Jahre alt, gefiel dieses Umfeld. Sie hatte ein gutes Händchen im Umgang mit Menschen und wusste, wie man Kontakte knüpfte und pflegte. Als ihr Mann 1892 starb, übernahm sie das Szepter. Sie erkämpfte die Hotelkonzession, die nach Eduards Tod neu beantragt werden musste, und erlangte das Recht, »k. u. k. Hoflieferant« bleiben zu dürfen. Aus dem Hotel de l'Opera machte Anna 1896 das Hotel Sacher.

Fast 40 Jahre lang führte »die Frau Sacher« das noble Haus in der Innenstadt. Eine Havanna zwischen den Fingern, mehrere Französische Bulldoggen an der Hand (sie soll über 700 dieser Hündchen gezüchtet und besessen haben), so kannten die WienerInnen die resolute Hotelchefin. »Sie wusste alles – und sagte nichts. Mit ihren Gästen pflegte sie vertraulichsten Umgang. Sie betreute sie aufmerksam, aber nicht unterwürfig, und wer nach dem Direktor des Hauses gefragt hatte, bekam zunächst eine Dame zu sehen und dann die Antwort: ›Der Herr im Haus bin ich!‹, oder auch: ›Das Hotel Sacher, das bin ich!‹«, beschreibt ein Zeitgenosse das Wiener Original.

Die Gäste schätzten es, wenn Anna Sacher, die sich auch durch ihre hervorragenden Kochkünste auszeichnete, persönlich an den Tischen vorbeischaute, fragte, ob's denn auch geschmeckt habe, und sich nach dem werten Befinden erkundigte. Hatte ein jugendlicher Adeliger zu wenig Geld dabei, drückte die Hotelbesitzerin auch einmal ein Auge zu. Geschäftstüchtig, wie sie war, wusste sie, dass sie sich damit die Klientel von morgen warmhielt. Angehenden KünstlerInnen gewährte sie freien Mittagstisch, was diese ihr später oft mit einem Kunstwerk dankten. Großzügig war sie auch zu den Angestellten: Erkrankte jemand, übernahm Anna Sacher die Arztkosten; wer heiraten wollte, bekam zwei Wochen Bedenkzeit auferlegt, dann aber zu den Glückwünschen die Wohnungsausstattung gleich dazugeschenkt. Dafür erwartete sie auch ganze Arbeit. Die

Lehrjungen, die »blöden Buam«, kassierten schon mal eine »Tetschn« (Ohrfeige), wenn sie nicht taten, wie die Chefin wollte.

Unter Anna Sachers Regie erlebte das Hotel seine Hochblüte. Der Erste Weltkrieg setzte dem Höhenflug ein jähes Ende. Das alte Österreich zerbröckelte, die adelige Stammkundschaft verarmte. Trotzdem hielt ihnen die Hotelchefin die Treue, denn: »Was soll denn der arme Hascher machen? Arbeiten gehen? Das hat er doch nicht gelernt. Geben will ihnen auch niemand was. Also muss ich es tun. Ich, Anna Sacher. Wir sind an ihnen reich geworden, jetzt werden wir wegen ihnen nicht zugrunde gehen.«

Zugrunde ging das Sacher nicht, doch die Schulden stiegen. Nur widerwillig stimmte die alternde Chefin in den 1920er-Jahren einer Jazzkapelle zu, um das Hotel an die modernen Zeiten anzupassen. Sie war und blieb eben eine Frau der Monarchie. Allmählich wurde die Geschäftsfrau vergesslich, die Kassabücher stimmten nicht mehr, das Hotel war heillos überschuldet. Im Bewusstsein dessen beantragte Anna Sacher ihre Entmündigung und gab im März 1929 die Hotelleitung ab. Am 25. Februar 1930 starb sie in ihrem Hotel, für das sie gelebt hatte. Unter dem Geleit Tausender Wiener BürgerInnen wurde sie auf dem Dornbacher Friedhof in Wien-Währing bestattet. 1934 übernahmen die Ehepaare Gürtler und Siller das Sacher und unterzogen es einer umfassenden Renovierung. Heute ist das Traditionshaus im Privatbesitz der Familie Gürtler.

Estée Lauder

1906–2004 Kosmetikunternehmerin

Hör auf, in anderer Leute Gesicht herumzufuchteln.« Mit diesen Worten ermahnte Max Mentzer immer wieder seine Tochter Josephine Esther, die es nicht lassen konnte, neu gemixte Hautcremes an den Familienmitgliedern auszuprobieren. Eigentlich hätte sie Esty heißen sollen – nach der Lieblingstante ihrer aus Ungarn stammenden Mutter Rose Schotz; stattdessen hatte der amerikanische Standesbeamte »Esther« ins Geburtenregister eingetragen. Zur Welt gekommen war Esther, die man später dann Estée rief, am 1. Juli 1906 – sie selbst gab stets 1908 an – in Corona, New York. Der Vater liebte elegante Kleidung und hatte in Amerika die bezaubernde Rose geheiratet, deren seidiges langes Haar zu bürsten schon für die kleine Esther ein Vergnügen war. Die Vorliebe für Schönheitspflege hielt ungebrochen an, und so war es ein großes Glück, dass eines Tages auch ihr Onkel aus Europa in die Staaten immigrierte. Onkel John, ein Dermatologe, richtete im Stall hinter seinem Haus ein Laboratorium ein, wo er selbst Hautcremes herstellte. Dort experimentierte Esther mit ihm gemeinsam – und gab nach den gelungenen innerfamiliären Tests erste Cremeproben an ihre begeisterten Schulfreundinnen weiter.

Bei der Wahl ihres Berufs schwankte sie allerdings zwischen Kosmetik und Theater, denn sie empfand durchaus Gefallen an ihrer Selbstdarstellung. Zu einer Entscheidung aber kam es vorerst nicht: Am 15. Januar 1930 heiratete sie Joseph Lauter. Das junge Paar zog nach Manhattan, wo Joe, der die Handelsschule absolviert hatte, mit unterschiedlichen Beschäftigungen Geld zu verdienen hoffte und schließlich ein Textilgeschäft betrieb – allerdings ohne nennenswerten Erfolg. Esteé experimentierte unterdessen in ihrer Küche weiter mit den Cremes und versuchte sich im Cherry Lane Theater am Broadway als Schauspielerin. Dies ließ sie aber bald wieder fallen – Kosmetik war doch mehr ihre Sache.

Als ihr 1932 geborener Sohn Leonhard zur Schule kam, begann sie, in ihrer Wohnung interessierten Kundinnen ihre Produkte aufzutragen. Kennengelernt hatte sie die Damen in dem Beauty-Salon von Florence Morris, dem House of Ash Blondes, wo sie sich einmal im Monat die Haare blondieren ließ. Von Mrs Morris auf ihre »Heimkosmetik« angesprochen, ergriff sie sofort ihre Chance und demonstrierte ihr Reinigungsöl, ihre Lotion, ihr »Creme Pack« sowie ihre »Super-Rich All Purpose Cream«. Zum Schluss strich sie der Salonbesitzerin einen Hauch von Puder aufs Gesicht. Mrs Morris bot ihr ohne zu zögern in ihrem Schönheitshaus in der 39 East 60th Street die Beauty-Konzession an. Dort konnte Estée Lauder – wie sie sich jetzt nannte – mit einem eigenen Stand ihre Kosmetikartikel anbieten.

Von der Qualität ihrer Produkte überzeugte sie ihre potenziellen Kundinnen, indem sie sie während der Friseurbehandlung unentgeltlich mit ihren Cremes und einem Make-up verwöhnte. Und sie hatte als Erste die Idee mit der Gratisprobe, ohne die das Geschäft mit hochwertiger Kosmetik heute kaum mehr zu denken ist. Selbst wenn eine der Frauen nichts erworben hatte, erhielt sie zum Beispiel in einem Wachsumschlag einige Löffelchen Puder, etwas Rouge oder Lippenstift. Estée vertraute fest der Qualität ihrer Ware, die noch immer im Labor des Onkels hergestellt wurde, und war sich sicher, dass diese Frauen das nächste Mal etwas bei ihr kaufen würden. Die steigende Zahl der Kundinnen gab ihr recht. Bald bekam sie das Angebot für den Verkauf ihrer Produkte in einem weiteren Salon, stellte Personal ein, das sie dafür selbst ausbildete und auch täglich kontrollierte. Darüber hinaus fuhr sie jedes Jahr im Sommer für einige Wochen in zwei Luxushotels auf Long Island, um dort Urlauberinnen in Schönheitspflege zu unterweisen – ein Programm, das sie während der Wintermonate auch in den Privatwohnungen ihrer neu gewonnenen Kundinnen fortsetzte.

»Ich habe keinen Tag meines Lebens gearbeitet, ohne etwas zu verkaufen«

Während Estée ständig unterwegs war und das Geschäft ausbaute, blieb Joe mit Sohn Leonhard zu Hause. Rückblickend schrieb Estée in ihrer Autobiografie »Estée: Eine Erfolgsstory« über diese Zeit: »Ich bewegte mich ständig vorwärts. All das erforderte viele Aktivitäten, die ihn entweder nicht interessierten oder ihn sogar ausschlossen – teilweise wegen seiner stilleren Art ... Joe war solide und heiter. Ich war wie Quecksilber getrieben.« Estée genoss die Anerkennung und das Leben in einer glamourösen Welt, fühlte sich durch Joe mehr und mehr eingeengt. Im April 1939 ließ sie sich scheiden.

Im Gepäck immer die Estée-Lauder-Produkte mit sich führend, pendelte sie in den folgenden Jahren zwischen Miami Beach und New York hin und her, hatte vielleicht auch einige Liebhaber – obwohl sie dies angesichts der in der amerikanischen Gesellschaft herrschenden Doppelmoral offiziell niemals zugegeben hatte. Voneinander lassen konnten Joe und Estée jedoch nicht, und sie blieben auch ständig in Kontakt wegen ihres gemeinsamen Sohnes Leonhard. Zunehmend vermisste Estée ihren Exmann, der immer ein Ruhepol für sie war. Im Dezember 1942 heirateten sie ein zweites Mal. Joe gab sein eigenes Geschäft auf und übernahm Organisation und Finanzen in Estées erstem Büro in der 60. Straße, sie konzentrierte sich auf den Verkauf. Der allerdings stagnierte, nachdem sie 1943 ihren zweiten Sohn, Ronald, geboren hatte. Den Ratschlag, alles aufzugeben und sich Mann und Kindern zu widmen – vorgetragen von Familie und Freunden –, verwarf sie aber sofort.

Estée ging vielmehr daran, ihren Kundenkreis zu erweitern – und nahm dafür das Luxuswarenhaus Saks in der Fifth Avenue ins Visier. Kein leichtes Unterfangen, denn der Manager sträubte sich zunächst, da er an einer ausreichenden Nachfrage an Lauder-Produkten zweifelte. Aber Estée ließ nicht locker, fragte hartnäckig immer wieder nach, versuchte es über Umwege und spannte auch Bekannte bei ihren Bemühungen mit ein. 1946 endlich ließ sich der Chef des Hauses erweichen und gestand ihr eine Verkaufsfläche zu, wo sie Waren im Wert von 800 Dollar anbieten konnte. Dafür musste aber die Produktion erhöht werden. So mieteten die Lauders die Räume eines ehemaligen Restaurants am Central Park West an. Gemeinsam gingen sie ans Werk: In der Küche sterilisierten sie die Tiegel auf alten Gaskochern, mixten die Cremes, füllten sie ein und verpackten sie.

Dass die Befürchtungen des Managers sich als überflüssig erwiesen, dafür sorgte Estée. In ihrer Autobiografie schrieb sie: »Ich habe keinen Tag meines Lebens gearbeitet, ohne etwas zu verkaufen. Wenn ich an etwas glaube, verkauf ich es.« Außerdem griff sie neben den bewährten Gratisproben nach einem weiteren äußerst wirksamen Werbemittel: einer Postkarte, die sie an potenzielle Kundinnen verschickte und bei deren Vorlage es ein Lauder-Produkt gratis gab. Der Erfolg dieser Kampagne war überwältigend. Nunmehr erhielt sie auch die Unterstützung des Saks-Managements, das ihr die Kundenkartei des Hauses zur Verfügung stellte. Der Direct-Mail-Manager erinnerte sich später: »Sie war eine großartig aussehende Frau ... Ich mochte sie einfach als Persönlichkeit. Und man kann kaum glauben, wie weiblich sie dabei blieb. Sie konnte mit dem dominierenden männlichen Gehabe umgehen, mit dem sie tagtäglich konfrontiert war. Sie hatte einfach ein Gespür dafür, wie sie die Leute dazu bringen konnte, sie zu mögen. Wir erledigten Anfang der Fünfzigerjahre eine Menge Aussendungen für sie.«

Der Einstieg bei Saks bedeutete den Durchbruch für Estée. Noch im selben Jahr gründete sie mit ihrem Mann die Firma Estée Lauder Company. Von nun an war ihr Leben geprägt von Promotiontouren in alle großen Städte der USA. So schaffte sie es, Anfang der Fünfzigerjahre in den wichtigsten Nobelkaufhäusern vertreten zu sein. Neue Produktionsstätten entstanden, um den immer größer werdenden Bedarf an Artikeln decken zu können.

An den wenigen Tagen, die Estée Lauder zu Hause verbrachte, experimentierte sie nach wie vor mit neuen Rezepturen. Gerade um diese Zeit schwebte ihr ein neuer Duft vor, den sie unbedingt perfektionieren musste. Monatelang mischte sie verschiedenste Essenzen, bis sie endlich zufrieden war mit einer Komposition, die an ein Parfum ihrer Mutter erinnerte. Sie nannte ihre Kreation »Youth Dew« (»Tau der Jugend«) und brachte sie 1953 zuerst als Badeöl, anschließend dann als Duft auf den Markt. Mit dem Verkauf von »Youth Dew« schlug das Unternehmen Lauder sämtliche Rekorde. Schon im Einführungsjahr betrug der Umsatz 50.000 Dollar, 1984 stieg er auf 150 Millionen Dollar! Über Jahrzehnte waren dieses Parfum wie auch die tiefblauen Cremetiegel das Markenzeichen von Estée Lauder.

Ein solcher Erfolg lockte natürlich auch Neider und Kopisten auf den Plan. Zu ihnen gehörte zum Beispiel Charles Revson, der Begründer des Kosmetikkonzerns Revlon. Er besaß mit modernster Technologie ausgerüstete Labors zur genauen Analyse von Beauty-Produkten – worauf er auch stets hinwies. Als zum Beispiel Lauder 1964 die Männerlinie »Aramis« kreierte, zog Revson mit »Braggi« nach, und als Estée 1968 die allergiegetestete und parfumfreie Linie »Clinique« herausbrachte, folgte er sofort mit seiner Kreation »Ethera«. Estée Lauder und Charles Revson blieben zeit ihres Lebens erbitterte Feinde, bekämpften sich sogar weit stärker als die beiden Konkurrentinnen Helena Rubinstein und Elizabeth Arden. Dem Erfolg der Unternehmen hat dies aber offenbar nicht geschadet.

1967 zählte Estée Lauder zu den hundert erfolgreichsten Geschäftsfrauen Amerikas

1960 wagte Estée Lauder den Schritt über den Atlantik. Mithilfe der Modezeitschriften *Queen* und *Harper's Bazaar* und mit der ihr eigenen Hartnäckigkeit und Überredungskunst gelang ihr der Einstieg bei Harrods in London und bald darauf bei den traditionsreichen Galeries Lafayette in Paris. Weitere Städte folgten; Fabriken entstanden in Belgien und Italien. Entwickelt wurden in diesen Jahren auch neue Werbekonzepte. Als Erste hatte Estée die Idee einer Werbung mithilfe eines mit dem Produkt identifizierbaren Models, der sogenannten Lauder-Frau, die sie in enger Zusammenarbeit mit dem amerikanischen Fotografen Victor Skrebneski entwickelte. Immer nur ein Exklusivmodel wurde engagiert. Zu großer Popularität brachte es hier Karen Graham, die von 1970 bis 1985 für die Lauder-Produkte posierte. »Die aristokratische Graham war«, wie Doris Burchard in ihrem Buch »Der Kampf um die Schönheit« konstatiert, »die fleischgewordene Lauder-Idee.« So mancher dachte, es wäre Estée Lauder selbst, die hier für ihr Unternehmen Modell stand. Denn die Graham entsprach genau ihrem Typ: »Blond, zierlich, blauäugig, mit einer Haut, wie sie reiner und makelloser kaum eine Zwanzigjährige haben könne.« So jedenfalls beschrieb die Zeitschrift *Madame* die Prinzipalin.

In den nächsten Jahrzehnten wurde aus dem Unternehmen Lauder ein international führender Kosmetikkonzern. 1967 zählte das Magazin *Harper's Bazaar* Estée Lauder zu den hundert erfolgreichsten Geschäftsfrauen Amerikas, 1978 wurde ihr in Paris der Orden »Ritter der

Ehrenlegion« verliehen, nachdem sie die Restaurierungsarbeiten in Schloss Versailles großzügig unterstützt hatte. Söhne und Schwiegertöchter stiegen mit ein ins Geschäft, später auch die Enkel. Estée blieb die führende Kraft, bis 1983 ihr Mann Joe starb. Aus dem Tagesgeschäft zog sie sich zurück, nahm aber weiterhin Anteil am Geschehen. 1995 ging das Unternehmen, zu dem inzwischen unter anderem auch die Kosmetiklinien der Designer Tommy Hilfiger oder Donna Karan gehören, an die Börse. Die Verwandten jedoch behielten die Mehrheit der Aktien, sodass die Firma Estée Lauder noch heute in Familienbesitz ist. So, wie es sich ihre Gründerin immer gewünscht hatte – anders als die Unternehmen von Helena Rubinstein und Elizabeth Arden, die nach deren Tod bald die Besitzer wechselten und in größeren Weltkonzernen aufgingen.

In ihren letzten Lebensjahren widmete sich Estée Lauder, die, wie in der Zeitschrift *Brigitte* einst zu lesen war, »Power für die ganze Sippe« hatte, vorrangig sozialen und kulturellen Projekten. Am 24. April 2004 starb sie in New York.

Josefine Hawelka

1913–2005 Kaffeehausbesitzerin

Man muß über übernatürliche Kräfte oder über besondere Verflechtungen verfügen, um in die Spanische Hofreitschule, in ein Philharmonisches Abonnementkonzert, in die Silvester-Fledermaus der Wiener Staatsoper zu gelangen oder aber auch um eines Platzes an einem Tisch im Hawelka teilhaftig zu werden. In diesem Fall besteht die Verflechtung darin, daß man bei Frau Hawelka gut angeschrieben sein muß«, schrieb einst Hans Weigel. Wie viele namhafte KünstlerInnen und LiteratInnen zählte der Wiener Schriftsteller zu den gern gesehenen Stammgästen des legendären Café Hawelka in der Dorotheergasse. Als Weigel eines Abends mit einem Dutzend Personen ins voll besetzte Café kam, »segelte« Josefine Hawelka »sehr geschwind einige Male quer durch das Lokal und schichtete die anderen Gäste kategorisch um, so daß an einem Tisch in einer Loge wie durch ein Wunder Platz für uns alle geschaffen war«. Beschwert darüber hat sich niemand. Das war immer so bei »der Frau Hawelka«.

Josefine Hawelka, geborene Danzberger, stammte aus einer bürgerlichen Familie von Gast- und LandwirtInnen in Kirchdorf an der Krems. Ein Jahr war sie, als der Erste Weltkrieg ausbrach. Ihr Vater war Fleischhauer, ihre Mutter Hausfrau. Nach der Grundschule arbeitete sie bei ihrer Tante im Gasthaus. Für eine weiterführende Schule fehlte das Geld. Als der Gasthof verkauft wurde, zog Josefine 1929 nach Wien und nahm im Restaurant Deierl in der Babenbergerstraße eine Stelle als Schankkassierin an.

1933 lernte Josefine im Deierl Leopold Hawelka kennen, der dort schon seine Kellnerlehre gemacht hatte. 1936 heiratete das Paar und pachtete das Kaffeehaus Alt Wien in der Bäckerstraße. Ein halbes Jahr wohnte das Ehepaar in dessen Hinterkammer, dann zogen die beiden in eine Wohnung in der Köllnerhofgasse. 1939, als der Vertrag für das Alt Wien auslief, erhöhte der Besitzer die Pacht dermaßen, dass die Hawelkas nach einem anderen Lokal suchen mussten. In der Dorotheergasse 6 wurden sie fündig: Das Café Ludwig Carl stand zum Verkauf, dessen Vorbesitzer offenbar kurz vor oder nach dem Anschluss Österreichs geflüchtet war. Leopold Hawelka erwarb es am 15. Mai 1939 und eröffnete es bald darauf unter seinem heutigen Namen. Dass die Hawelkas bei Arisierungen mitgesteigert hatten, wurde später nie thematisiert.

Im Juli 1939, zwei Monate vor Ausbruch des Zweiten Weltkriegs, wurde Tochter Herta geboren. Anfang 1940 schloss das Ehepaar das Café, und Leopold wurde als Soldat eingezogen. Zu dieser Zeit war Josefine bereits wieder schwanger. Als im Juli Sohn Günter zur Welt kam, zog sie mit den Kindern zu ihrer Familie nach Oberösterreich. Für fünf Monate hatte man ihren Mann einberufen – tatsächlich wurden es aber lange fünf Jahre. Zu Kriegsende 1945 konnten Josefine und Leopold ihr Café gemeinsam wieder eröffnen. Während die Häuser rundherum in Trümmern lagen, hatte das Hawelka, im Krieg als Lagerraum verwendet, die Bombenangriffe fast unbeschadet überstanden und bot einen Ort der Erholung.

Die WienerInnen nutzten das kleine Kaffeehaus anfangs als Wohnzimmer, sie lasen die Zeitung und kamen, um sich aufzuwärmen. Schon damals war es Josefine (vom österreichischen Maler Hubert Aratym einmal treffend als »mögliche Neuinkarnation von Anna Sacher« bezeichnet), die die Geschicke des Hauses lenkte. »Meine Frau war immer der Motor für alles. Wenn meine Frau nicht wäre, wär auch kein Café Hawelka«, sagte ihr Ehemann. Leopold arbeitete tagsüber, Josefine hatte Spätschicht; das blieb in all den Jahren so. Täglich ab 14.30 Uhr war sie im Dienst, schaute nach den Gästen, erledigte die Post, machte Leopold das Essen. Solange die Kinder klein waren, passte ein Kindermädchen auf sie auf, später Vater Leopold. »Zu Mittag nach der Schule ging ich ins Kaffeehaus, habe dort gegessen, bin dann in den Stadtpark, Burg- oder Volksgarten und später mit dem Papa nach Hause marschiert«, erinnert sich Sohn Günter an den damaligen Alltag. Nur am Dienstagnachmittag, wenn Ruhetag war, gönnte sich auch Josefine eine Auszeit bei Spaziergängen und Ausflügen mit der Familie.

»Für ein Kaffeehaus braucht man Herz und Liebe.«

Auch die Angestellten wusste Josefine Hawelka im Zaum zu halten. »Wenn sie was gesagt hat, hat das schon seinen Sinn gehabt«, versichert ihr Sohn. Sie kümmerte sich um das Geschäftliche, die Ausgaben, die händische Bonierung und nächtliche Abrechnung. Sie rechnete im Kopf die Beträge aus, die Kellner bekamen einen handgeschriebenen Losungsbogen und ihre Summe ausbezahlt. »Am liebsten sind mir die späten Momente der nahenden Sperrstunde, wenn die Lichter bis auf ein Minimum abgeschaltet sind und die Sessel unwirklich verzaubert auf den Marmortischen stehen und Frau Hawelka, flankiert vom hosenträgertragenden Herrn Ober, sitzend – die Brille an der Grenze der Nasenspitze – die Bons zählt«, beschrieb Maler Aratym das allnächtliche Bild.

Ewig mit ihrem Namen verbunden bleiben Josefines täglich ab 22 Uhr frisch servierte Buchteln. Viele Gäste kamen extra abends, wegen der Buchteln und natürlich der Frau Josefine. Sie wirkte rau, aber gutherzig, war schlagfertig und zäh, immer das Wohl der Gäste im Sinn. Ihre mütterliche Art machte vielen jungen KünstlerInnen Mut. »›Der Herr Canetti ist auch nicht immer *der* Herr Canetti gewesen. Geduld, aus Ihnen wird was, das spür ich, Herr Heller.‹ Die [Frau Hawelka] hat schon an mich geglaubt, als meine Familie noch auf meine Matura bestand …«, schrieb André Heller, Aktionskünstler und Stammgast seit Schulzeiten. Auf die wertvollen Bilder und Zeichnungen, die Josefine den jungen Talenten abkaufte und im Lokal aufhängte, ist die Familie heute noch stolz.

Über 60 Jahre lang führten Josefine und Leopold gemeinsam ihr Café. »Solang es geht, arbeiten wir. Ich hätt vielleicht schon aufgehört, aber meine Frau …, die gibt nie Ruh …«, erklärte Leopold. Bis zuletzt stand die viel geschätzte Chefin im Geschäft. An einem Montag im März 2005 fühlte sie sich plötzlich nicht wohl, am Dienstag, ihrem freien Tag, starb sie mit 91 Jahren. Ihr Mann Leopold folgte ihr 100-jährig am 29. Dezember 2011. Sohn Günter und die Enkel Amir und Michael führen das Hawelka heute in ihrem Geiste weiter. »Das Kaffeehaus war ihr Leben«, sagt Günter über seine Mutter. Auch darin steht sie Anna Sacher in nichts nach.

Elizabeth Arden

1884–1966 Kosmetikunternehmerin

Vaseline, Vitamine, Öle und Zitrusduft – es braucht nicht viel, um die Welt zu verändern. Die in einer kanadischen Kleinstadt in bescheidenen Verhältnissen geborene Florence Nightingale Graham aber scheint nahezu 30 Jahre lang auf den einen richtigen Moment gewartet zu haben, um sich zu entpuppen, die bisherige Existenz wie eine lästige Hülle abzuwerfen und als die zu leben, die sie in Wirklichkeit ist: Elizabeth Arden. Unter diesem Namen wird sie ein Imperium aufbauen und in die Geschichte der Schönheit eingehen.

Initialzündung für die Powerfrau

Früh mutterlos geworden, hilft sie dem Vater im Pferdestall und beim Marktverkauf der Ernte. Ohne Schulabschluss und fundierte Ausbildung schlägt sie sich mäßig als Krankenschwester, Schreibkraft und schließlich als Zahnarzthelferin durch. Hier blitzt ihr Talent erstmalig auf: Ihr Rundschreiben an die Patienten dürfte die erste Werbemaßnahme einer Zahnarztpraxis gewesen sein.

Florence will mehr und weiß doch nicht, was. Die Welt ist im Wandel, und eine Zeit ist nah, in der es für Frauen selbstverständlich ist, sich chic, aber bequem zu kleiden, ihr Haar natürlich zu frisieren und selbst ihr Erscheinungsbild zu bestimmen; erste Frauenmagazine wagen zaghafte Empfehlungen. Florence erahnt diese neue Welt, wagt 1909 den Sprung nach New York und avanciert dort im Salon einer Kosmetikfirma zur begehrtesten Masseurin. Schlagartig erkennt sie ihre Berufung und die Zeichen der Zeit: 1910, sie ist nun um die 30, eröffnet sie mit geliehenem Geld ihren ersten Schönheitssalon – zu einer Zeit, als Lippenstift tragende Frauen in der breiten Bevölkerung noch als Flittchen galten.

Der Vorname »Elizabeth« steht auf der Tür des ersten Salons, den sie mitsamt dem Namen übernimmt. Den ergänzenden Nachnamen entlehnt sie der Ballade »Enoch Arden« von Alfred Tennyson – »Elisabeth Arden«, so findet Florence, klingt elegant und mondän, hat Stil und Dynamik. Damit ist die Metamorphose zur ebenso knallharten wie wegweisenden Unternehmerin vollzogen. Der Name wird zur Marke und zum Grundstein für den Erfolg für Miss Elizabeth Arden. Der zierlichen Person mit der Vorliebe für die Farbe Rosa, mit ihrem jugendlich wirkenden, natürlich-frischen Aussehen, einer hellen Stimme und einem oft mädchenhaften Verhalten werden etliche Attribute zugeschrieben: ehrgeizig, arbeitswütig, geschäftstüchtig, innovativ, wissbegierig, wagemutig, vital. Dem ersten Salon folgen Red-Door-Salons (alle ihre Salons haben rote Türen) auf der *millionair's row* Fifth Avenue in New York und bald unzählige überall auf der Welt.

Die Wegbereiterin der modernen Schönheitsindustrie

Ab jetzt sind die Entwicklung von Produkten für moderne, erfolgreiche und wohlhabende Frauen, wie sie selbst eine ist, und deren Vermarktung Elizabeth Ardens Leben und Leidenschaft. Klarsichtig diagnostiziert sie Bedürfnisse und bietet eine völlig neue Kosmetiklinie an. Ihre Eight-Hours-Creme etwa ist bis heute Kult. 1912 marschiert sie mit 15.000 Suffragetten über die Fifth Avenue, um die Gleichstellung der Frauen einzufordern, und zum Zeichen neuen Selbstbewusstseins tragen alle knallroten Lippenstift. Während des Zweiten Weltkriegs entwickelt sie Kosmetik für Militärdienst leistende Frauen, farblich abgestimmt auf die Uniformen.

Seit 1914 produziert sie ihre eigenen Cremes, Wässer und Düfte, die natürliche Schönheit unterstützen und pflegen, statt zu maskieren. Revolutionär ist ihr Konzept ganzheitlicher Schönheit (*total beauty*), ein Komplettprogramm aus Bädern, Massagen, Sport, Ernährung und Körperpflege. 1934 eröffnet sie die erste Schönheitsfarm für die Damen der gehobenen Gesellschaft, und ihr Kosmetikkonzern ist als Erster mit seinen Waren in Kaufhäusern vertreten. Sie erfindet Produkte in Reisegrößen und schickt, wieder ihrer Zeit voraus, Vertreterinnen für (Arden-)Pflegeprodukte in die Welt. Als erster und einziger amerikanischer Kosmetikkonzern ist Elizabeth Arden vor 1939 in Deutschland vertreten. 1956 eröffnet sie den ersten Schönheitssalon für Männer in New York.

»Es ist das Geburtsrecht jeder Frau, schön zu sein.«

Mit ihrem Gespür für lohnenswerte Kontakte pflegt sie Bekanntschaften mit Friseuren und Modeschöpfern wie Oscar de la Renta. Alle Mitarbeiter leiden Qualen unter ihrer Führung – und profitieren ein Leben lang davon. Persönliche Beziehungen sind nicht ihr Ding. Die Ehe mit

Thomas Lewis Jenkins, der ihr Unternehmen zuverlässig managt, beendet sie abrupt, als er nach 18 Jahren ein wenig Mitbestimmungsrecht einfordert. Näher scheinen ihr der Rennstall und ihre Pferde zu sein, sie sind ihr Ein und Alles. Vielleicht weil sie so hohe Gewinne abwerfen.

Oft wird Elizabeth Arden mit ihrer Rivalin Helena Rubinstein verglichen, doch ist Elizabeth diejenige, die sich als Erste auf das völlig neue Terrain wagte. Zwischen den Jahren 1915 und 1920 gehört ihr der größte Kosmetikkonzern der Welt.

Die Wegbereiterin der heutigen Schönheitsindustrie ist eine der ersten Frauen, die es 1946 auf das Cover des *Time Magazin* schaffen. 1956 erhält sie die Ehrendoktorwürde der Universität Syracuse/New York, und 1962 verleiht ihr die französische Regierung den Orden der Ehrenlegion. Am Ende ihres Lebens machen ihre zahllosen Firmen in der ganzen Welt Millionenumsätze.

Nach ihrem Tod geht das Unternehmen mehrfach in andere Hände über und in anderen Firmen auf. Die letzte davon hat bewusst wieder den Namen des erfolgreichsten Geschäftsmodells der Branche angenommen: Elizabeth Arden Inc.

Brownie Wise

1913–1992 Marketinggenie

Durch reinen Zufall war die 1913 geborene Brownie Wise, die zusammen mit ihrem Sohn Jerry und ihrer Mutter in der General-Motors-Stadt Detroit wohnte, an die Plastikdosen geraten, die Ende der Vierzigerjahre in amerikanischen Lifestyle-Magazinen wie *House Beautiful* als »kleine Kunstwerke für 39 Cent« beworben wurden. Um ihr Gehalt als Sekretärin bei der Flugzeugkonstruktionsfirma Bendix aufzubessern, hatte die alleinerziehende Mutter einen Nebenjob als Verkäuferin von Haushaltswaren für Stanley Home Products angenommen. Die Vorzüge von Mopps, Tüchern und Reinigungsmitteln wurden den Kunden in ihrem eigenen Zuhause vorgeführt. Diese neue Strategie des Direktverkaufs hatte sich Firmengründer Frank Stanley ausgedacht. Brownie Wise, die ihre meist weibliche Klientel abends und an den Wochenenden besuchte, war ungewöhnlich überzeugend. Ihre Verkaufszahlen waren so brillant, dass sie in kurzer Zeit dazu berufen wurde, den Verkäuferinnenkader ihrer Region zu schulen und zu koordinieren. In einem Newsletter an ihre Mitarbeiterinnen, dem sie den Titel *Go Getter* gab, formulierte sie die goldenen Regeln für ein erfolgreiches Homeshopping: »Sei warmherzig, freundlich, ehrlich und fleißig, lächle von Herzen, sei ein enthusiastischer Zuhörer, und sorge immer dafür, dass sich dein Gegenüber wichtig fühlt.«

Brownie Wise hatte keinen Ehemann, der sie lieber zu Hause am Herd gesehen hätte. Drei Jahre nach der Geburt ihres Sohnes hatte sie sich von ihrem alkoholkranken Mann getrennt und sorgte von da an selbst für den Lebensunterhalt ihrer Familie. Bei Stanley verdiente sie in kurzer Zeit so gut, dass sie ihre Stelle als Sekretärin aufgeben konnte. Doch die Euphorie für ihren neuen Job wurde jäh gebremst, als sie auf einer Motivationsveranstaltung in der Firmenzentrale erkannte, dass in der von ihr angestrebten Führungsriege kein Platz für eine Frau vorgesehen war. 95 Prozent der berufstätigen Amerikanerinnen arbeiteten 1950 zu niedrigen Gehältern im Einzelhandel oder im Gesundheits- und Erziehungswesen. Managerpositionen wurden von Männern besetzt – auch bei Stanley Home Products. Wise war ernüchtert.

In dieser Situation machte sie ihr Kollege Garry McDonald auf die Tupperbehälter aus Plastik und deren Potenzial für die bewährte Homeshopping-Strategie aufmerksam. In einer Zeit, in der ein Kühlschrank noch nicht zu einer regulären Küchenausstattung gehörte, waren die Frischhaltedosen eine Sensation auf dem Haushaltswarenmarkt. Kurz entschlossen sattelte sie auf den Verkauf der bunten Tupperware um und strich die Stanley-Produkte aus ihrem Programm. Die Dosen waren prädestiniert für eine Demonstration im häuslichen Umfeld. Brownie Wise erklärte den konsumorientierten Hausfrauen den Sicherheitsverschluss – die Luft musste beim Verschließen mit einem lauten Seufzer entweichen. Dann schleuderte sie Schüsseln und Behälter auf den Boden, um ihre Kundinnen von der Unzerbrechlichkeit zu überzeugen. Die Damen, die ihr Haus zur Verfügung stellten und ihr Netzwerk für die Einladung von Freundinnen und Bekannten nutzten, bekamen Prozente auf den Umsatz, der bei den sogenannten Tupperpartys gemacht wurde.

Der Erfinder der »Wonderlier Bowls«, der Chemiker und Unternehmer Earl Silas Tupper, staunte über die hohen Umsätze der Direktverkäufer in Detroit und Umgebung, denn in den Regalen der großen städtischen Warenhäuser blieben seine schönen Dosen liegen. Zwar konnte er sich über einige Großaufträge von Firmen wie Canada Ginger Dry und Camel freuen, die 300.000 Zigarettenbehälter aus Plastik orderten, doch selbst ein Showroom auf der Fifth Avenue in New York und der Versand von illustrierten Katalogen führten nicht zu einer Steigerung der Verkäufe an private Kunden. Angesichts der so erfolgreich agierenden selbstständigen Verkäufer aus der Autostadt setzte Tupper sich nun zum Ziel, diese an seine Firma zu binden. Brownie Wise machte er den Vorschlag, in Florida exklusiv als Zwischenhändlerin für Tupper aufzutreten. Mit damals rund drei Millionen Einwohnern versprach dieser Bundesstaat, ein lukratives Geschäft zu werden. Ihr elfjähriger Sohn Jerry war begeistert von der Aussicht, in den Schönwetterstaat zu ziehen. Also organisierte Wise gemeinsam mit ihrer Schwiegermutter Rose den Umzug und überzeugte sogar einige ihrer besten Verkäufer, zu ihrer Unterstützung mitzugehen.

Die Tupper-Girls waren bisweilen so erfolgreich, dass die Ehemänner ihre Jobs an den Nagel hängen konnten

In Fort Lauderdale knüpfte Brownie Wise nahtlos an die Erfolge des vergangenen Jahres an. Für Neulinge in diesem

Business verfasste sie ein Handbuch, in dem sie das Wesen der Tupperveranstaltungen auf den Punkt brachte: »Eine gute Vorführung soll unterhaltsam und informativ sein und zum Verkauf der nützlichen Produkte führen. Der gesellige Charakter der Party zielt darauf ab, die Hemmschwelle der potenziellen Käuferinnen zu senken und ein Konkurrenzverhalten beim Kauf zu schüren.« Ein Problem musste jedoch ihrer Meinung nach schleunigst von Seiten der Unternehmensleitung gelöst werden: Die stetig wachsende Zahl der Händler, die neue Verkäufer rekrutierten und ausbildeten, boten die Waren zu unterschiedlichen Konditionen und Preisen an. Um die Konkurrenz unter den Distribuenten zu minimieren, mussten die Preise und Rabatte vereinheitlicht, die Territorien festgelegt, die Regeln für eine Demonstration standardisiert und die Lieferungen der Dosen von der Firmenzentrale organisiert und koordiniert werden. Earl Silas Tupper gründete als Schaltstelle die Tupper Hostess Division, die die Ware exklusiv an Vertragspartner veräußerte.

Brownie Wise verwandelte nicht nur Hunderte von biederen Hausfrauen in adrette Tupper-Girls in Highheels, die bisweilen so erfolgreich waren, dass die Ehemänner ihre Jobs an den Nagel hängen konnten. Sie vertrieb mehr Plastikdosen als irgendjemand in Amerika. Mit den Waren und ihrem Transport nach Florida war sie jedoch nicht zufrieden. Die Schiffslieferungen verzögerten sich um Monate, die Starter-Sets für neue Mitarbeiter hatte man vergessen, und wochenlang wartete sie auf neues Briefpapier mit dem Logo der Tupper Hostess Division. Als ihre Beschwerden beim Salesmanager Norman Squires nicht fruchteten, ließ sie sich direkt zu Earl Silas Tupper durchstellen, um ihn auf die Missstände in seinem Unternehmen anzusprechen. »Es gibt keinen Grund für mich, weiterhin einen guten Job zu machen, wenn meine Belange von Ihrem Unternehmen so vernachlässigt werden«, soll Brownie Wise ins Telefon geschimpft haben.

Tupper reagierte auf die heftige Kritik einer freien Mitarbeiterin. Umgehend wurde ein Meeting der besten Gebietsleiter auf Long Island vereinbart, um eine Lösung der Distributionsprobleme anzugehen. Der Unternehmer ließ sich von den zahlreich angereisten Direktverkäufern davon überzeugen, seine Frischhaltebehälter nur noch über den Party Plan zu vertreiben und die Waren aus dem Einzelhandel zu nehmen. Das Ergebnis war 1951 die Gründung der Tupperware Home Partys Division, kurz THP genannt, und Earl Silas Tupper berief Verkaufsstar Brownie Wise zur neuen Verkaufsmanagerin und Vizepräsidentin des Vertriebs.

Der eher öffentlichkeitsscheue Firmenchef hätte keine bessere Wahl treffen können. Wise war kommunikationsfreudig, kreativ, und sie identifizierte sich zu hundert Prozent mit seinen Produkten. Reiste sie in ihrem neuen Amt durch die amerikanischen Bundesstaaten, pflegte sie stets einen kleinen Klumpen der unscheinbaren Rohmasse Polyethylen mitzunehmen, um den Verkäufern der praktischen Dosen vor Augen zu führen, »welche Macht die menschliche Erfindungsgabe haben kann«.

Durch die Einführung neuer Marketingstrategien gelang es ihr, die Umsätze der Tupperware Corporation über alle Erwartungen hinaus in die Höhe zu treiben. Ihr Erfolgsrezept basierte auf einem ausgeklügelten System von Leistungsprämien, die auf die Bedürfnisse der weiblichen

Verkäufer und Manager zugeschnitten waren – und diese machten 90 Prozent aus. Besonders effektive Tupper-Ladys bedachte die Firma mit luxuriösen Geschenken. Außerdem wurden die glücklich Prämierten in dem von Wise ins Leben gerufenen Firmen-Newsletter *Tupper Sparks* mit einem Porträtfoto vorgestellt, um den Ehrgeiz und Arbeitseifer der weniger gewinnbringenden Außendienstler zu schüren.

Zu den Höhepunkten im Leben einer Tupperware-Verkäuferin gehörten dann auch die feierlichen Jahrestreffen, die Brownie Wise in der neu errichteten, rund 40.000 Quadratmeter großen Firmenzentrale in Kissimmee bei Orlando unter Palmen ausrichtete. Zahlreiche Konferenzen, Referate und Filmvorführungen sorgten für die professionelle Weiterbildung der auf eigene Kosten nach Florida angereisten Handelsvertreterinnen, Managerinnen und Vertriebsleiterinnen. Denn ein Leitspruch von Wise lautete: »If we build the people, they will build the business.« (»Wenn wir die Leute aufbauen, werden sie das Geschäft aufbauen.«) Besonders fieberten sie alle jedoch auf die minutiös geplante Vergabe von Preisen und Prämien für herausragende Leistungen.

Im Amerika der Fünfzigerjahre avancierte Tupperware-Verkäuferin zum Modeberuf

Auf dem Jubiläumstreffen von 1954 schickte Brownie Wise ihre Tupper-Ladys in Cowboykostümen auf einen großen Acker, in dem sie mit Spaten bewaffnet über fünf Stunden lang bis zur totalen Erschöpfung und unter dem Jubel ihrer Ehemänner und Kinder nach Schätzen wie goldenen Uhren oder Gutscheinen für Nerzmäntel, Diamantringe,

Ledertaschen oder einem Cadillac gruben. Ein Jahr später wurde die Firmenzentrale in eine Westernstadt verwandelt, in der die Ladys mit einem Bonusetat von je 1.500 Dollar einkaufen durften. Das Jahrestreffen 1956 stand dagegen unter dem Motto »Treasurama«. Im Vorfeld hatten alle Managerinnen und Verkäuferinnen die Frage beantworten sollen, was sie sich wünschen würden, wenn man Träume kaufen könnte. In Aussicht gestellt wurde, dass die Firma sieben der eingesendeten Wünsche in Erfüllung gehen lassen würde. Die spektakuläre Bekanntgabe der Gewinner wurde in Florida sogar live im Radio übertragen. Kein Wunder also, dass in den Fünfzigerjahren in Amerika Tupperware-Verkäuferin zum Modeberuf avancierte.

Brownie Wise, die es mit Ehrgeiz und Arbeitseinsatz von der einfachen Verkäuferin zur Salesmanagerin eines Millionenunternehmens gebracht hatte, diente den Frauen als Vorbild und Identifikationsfigur. Intern hatte man sich 1954 darauf geeinigt, sie bewusst in den Medien als Frau, die hinter der Firma stand, zu propagieren. So erschien in dem amerikanischen Wirtschaftsmagazin *Business Week* ein sieben Seiten langer Artikel über das Phänomen des Tupper Homeshoppings, in dem sie als weibliche Vertreterin des Kapitalismus gefeiert wurde. Und in der *Houston Post* lobte ein Kolumnist, »dass Brownie Wise mehr als jeder andere lebende Mensch dazu beigetragen habe, Frauen zu wirtschaftlichem Erfolg zu führen«. Zeitungen und Magazine porträtierten sie einhellig als Superfrau mit einem Zwölf- bis Zwanzigstundentag, die im Jahr 150.000 Meilen durch Amerika reise und dennoch Zeit finde, mit ihrem Teenagersohn zu fischen oder im Park ihres Besitzes einen Ausritt zu unternehmen.

Firmenchef Earl Silas Tupper, dem Erfinder der seufzenden Dosen, wurde hingegen kaum eine Zeile gewidmet. Einzig wurde berichtet, er habe Brownie Wise das Regiment überlassen, und sie habe Tupper zu einem Synonym für das Wort »Küchenbehälter« gemacht.

Dass der Chemiker sich in seiner Ehre gekränkt fühlte, damit hatte Wise niemals gerechnet. Doch als 1957 die Verkaufszahlen stagnierten und die Zahl der Tupper-Verkäuferinnen leicht sank, fasste der Firmenchef den Entschluss, sich von seinem Aushängeschild zu trennen. Brownie Wise war ihm zu mächtig geworden. Tupper missfiel, dass sie die Aufmerksamkeit der Medien auf ihre Persönlichkeit lenkte, auf ihren luxuriösen Lebensstil, auf ihr mit exquisiten Möbeln und Kunstwerken ausgestattetes Anwesen Water's Edge und auf das von ihr verfasste Buch »Best Wishes«, anstatt den Fokus auf das mittlerweile über einhundert verschiedene Behälter umfassende Sortiment der Firma zu richten.

Anfang des Jahres 1958 entließ Tupper seine beste Mitarbeiterin und speiste sie mit einer Abfindung von 35.000 Dollar ab. Sein Unternehmen verkaufte er kurze Zeit später für 16 Millionen Dollar, er selbst zog sich auf die Bahamas zurück. Auf diese schmerzhafte Weise lernte Brownie Wise die Schattenseite des Kapitalismus kennen. Entmutigen ließ sie sich – nach jahrelangen Prozessen auf eine gerechte Abfindung – nicht davon, sondern stürzte sich in die Vermarktung einer Kosmetiklinie und in das boomende Immobiliengeschäft von Florida. 1992 starb sie, von der Öffentlichkeit hatte sie sich in den letzten Jahren zurückgezogen.

Von wegen gläserner Decke

Marie Curie
Mary Cassatt
Katharine Graham
Franziska zu Reventlow
Frida Kahlo
Elizabeth Blackwell
Lise Meitner
Lena Christ
Marion Dönhoff

Marie Curie

1867–1934 Nobelpreisträgerin

Im Juli 1914 streift Marie Curie durch den Garten ihres neuen physikalischen Instituts in Paris, das kurz vor der Fertigstellung steht, und gibt Ratschläge zur Anlage des Rosengartens. Sie ist voller Vorfreude auf das neue, praktische und geräumige Labor. Nach so vielen Jahren wissenschaftlicher Forschung wird sie endlich eine Arbeitsstätte bekommen, wie sie und ihr Mann Pierre sie sich immer erträumt hatten. 1906 aber starb Pierre Curie überraschend an den Folgen eines Unfalls, drei Jahre, nachdem das Paar für die Entdeckung der Radioaktivität gemeinsam mit dem Physik-Nobelpreis geehrt worden war. In der Zeit der Trauer über den Verlust ihres Mannes setzt Marie Curie dennoch ihre wissenschaftlichen Arbeiten fort. 1911 wird ihr für die Entdeckung der Elemente Radium und Polonium ein zweites Mal der Nobelpreis verliehen. Nun hofft sie auf weitere Fortschritte und Entdeckungen in dem neuen Institut, muss sich jedoch schon einen Monat später vorerst von ihren Plänen verabschieden. Am 3. August erklärt Deutschland Frankreich den Krieg. Marie Curies jüngere Mitarbeiter gehen an die Front, und die wissenschaftliche Forschung rückt in den Hintergrund.

Trotz ihrer kritischen Haltung gegenüber dem Krieg erklärt Marie Curie sogleich ihre Bereitschaft, sich in den Dienst Frankreichs zu stellen. Für einige ihrer Freunde kommt dies überraschend, denn die französische Öffentlichkeit hat Marie in den Jahren nach Pierres Tod übel mitgespielt. Ihre Liebesbeziehung zu dem jüngeren, verheirateten Kollegen Paul Langevin hatte eine überaus schmutzige Pressekampagne ausgelöst, in der sie sogar zum Verlassen des Landes aufgefordert worden war.

In den wirren Zeiten zu Kriegsbeginn, als man noch befürchtet, die Deutschen könnten Paris einnehmen, bringt Marie Curie zunächst den kostbaren französischen Radiumvorrat aus ihrem Institut in Sicherheit. Allein reist sie mit einer 20 Kilogramm schweren Bleikiste in überfüllten Zügen nach Bordeaux, wo sie die wertvolle Fracht in einem Tresorraum der Universität unterbringt.

Nach ihrer Rückkehr wendet sie sich der Radiologie zu, um sich damit bei der Behandlung von Verwundeten nützlich machen zu können. 1914 ist die Röntgentechnik noch sehr jung, und so verfügen nur wenige medizinische Einrichtungen über eine entsprechende Ausstattung. Marie Curie ergreift die Initiative und lässt ungenutzte Geräte aus Praxen von eingezogenen Ärzten in Pariser Militärkrankenhäuser bringen. Weil es auch in den Feldlazaretten keine Röntgengeräte gibt, müssen viele der Verwundeten unter großem Aufwand nach Paris verlegt werden. Da hat Marie die Idee einer mobilen Röntgeneinheit, die auch in den Lazaretten hinter der Front zum Einsatz kommen kann. Sie lässt ein Automobil mit einem Generator ausstatten, der sich an die Autobatterie anschließen lässt. Die Röntgenröhre befindet sich auf einem beweglichen Gestell und lässt sich so bequem an den Einsatzort rollen. Schwierigkeiten bereiten die Militärbehörden, die an der Front zunächst keine weiblichen Fahrer oder Techniker dulden.

Da aber die in den Schützengräben kämpfenden Männer für andere Dienste nicht mehr zur Verfügung stehen, geben die Verantwortlichen schließlich nach. Marie selbst steuert eines der Röntgenmobile. Mit einer Rotkreuz-Binde am Arm, fährt sie zu den Feldlazaretten, stellt – den Kanonendonner der Kampflinien im Ohr – die Klappliege auf, schaltet das Röntgengerät ein und kann den operierenden Ärzten zeigen, wo genau im Körper der Verwundeten sich die Kugeln oder Schrapnellsplitter befinden.

Mit Fortsetzung des Krieges und der steigenden Zahl von Toten und Verwundeten – im November 1914 werden schon 310.000 französische Soldaten als gefallen und über 300.000 als verletzt gemeldet – sind die zwei Mobile nur ein Tropfen auf den heißen Stein. Marie Curie beginnt mit der Unterweisung von Krankenschwestern im Umgang mit der neuen Technik und lässt weitere Röntgenmobile bauen. Im Verlauf des Krieges gehen insgesamt 18 dieser Fahrzeuge – von allen bald *Les Petites Curies* genannt – in Betrieb.

Unterstützt wird Marie Curie dabei zunehmend von Irène, der älteren ihrer beiden Töchter. Um sie aus dem Kriegsgeschehen herauszuhalten, waren beide zu Freunden nach England geschickt worden, doch die 17-Jährige fleht ihre Mutter an, sie möge ihr die Rückkehr nach Paris erlauben. Sie möchte unbedingt kriegswichtige Aufgaben übernehmen. Schließlich gibt Marie nach. Eingewiesen von ihrer Mutter, bedient Irène die Apparaturen nicht nur selbst, sondern repariert sie auch und bildet zudem hinter der Front Krankenschwestern aus. So kann ihre Mutter nach Paris zurückkehren und endlich ihr neues Labor in Besitz nehmen.

Auf Seiten des Gegners, in der österreichischen Armee, lässt sich eine ebenso berühmte Physikerin zur Röntgenassistentin ausbilden. Die in Wien geborene Lise Meitner war zuvor in der radioaktiven Abteilung am Berliner Institut für Chemie eine enge Mitarbeiterin Otto Hahns gewesen. Von Wien aus bricht sie im Juli 1915 als Röntgenschwester an die Ostfront auf. Vor dem Krieg wären Curie und Meitner beinahe Kolleginnen geworden, denn Lise Meitner hatte sich 1905 am Institut der Curies beworben. Zehn Jahre später nun hat der Krieg »Feindinnen« aus den beiden Wissenschaftlerinnen gemacht.

1916 geht auch Irène wieder nach Paris, wo sie am neuen Edith-Cavell-Krankenhaus Kurse für Röntgentechnikerinnen hält. 150 ausgebildete Frauen können von hier schließlich zu den Feldröntgenstationen geschickt werden und die dortigen Mediziner unterstützen. Als 1918 der Krieg zu Ende geht, beginnt Irène als Laborgehilfin im Radium-Institut ihrer Mutter.

In ihrer Laufbahn setzen sich offenkundig die Passion und der wissenschaftliche Erfolg der Eltern fort. Sie widmet sich der Forschung im Radium-Institut und heiratet 1925 mit Frédéric Joliot einen Assistenten Maries. Für die Entdeckung künstlicher Radioaktivität erhalten Irène und Frédéric Joliot-Curie gemeinsam 1935 den Nobelpreis für Physik, ein Jahr nachdem Marie Curie an Leukämie gestorben ist.

Die in der Jugend erfahrene Grausamkeit des Krieges wird Irène ihr Leben lang nicht vergessen; zusammen mit ihrem Mann engagiert sie sich in nationalen und internationalen Organisationen für Frieden und Gerechtigkeit.

Mary Cassatt

1844–1926 Malerin

Die aus gutem Hause stammende Amerikanerin Mary Cassatt war wild entschlossen, sich von niemandem davon abbringen zu lassen, Künstlerin zu werden. Auch nicht von ihrem Vater. In Begleitung ihrer resoluten und belesenen Mutter reist sie 1866 nach Paris. Als Frau darf sie zwar die Kunsthochschule nicht besuchen, lernt aber durch den Maler Edgar Degas die neue Stilrichtung des Impressionismus kennen, der sie sich begeistert anschließt. In ihren Bildern zeigt sie Mädchen und Frauen bei meist weiblichen Beschäftigungen wie Handarbeiten und Lesen oder bei der Versorgung der Kinder. Ihr eigener Blickwinkel aber verleiht den Frauen eine eigenständige Bedeutung und wertet sie in ihren Tätigkeiten auf. Erfolgreich setzt sich Mary Cassatt trotz weitverbreiteter Vorurteile gegenüber dem weiblichen Geschlecht als Malerin durch und zählt heute zu den bedeutendsten Künstlerinnen ihrer Zeit.

»Ich bin unabhängig! Ich kann alleine leben, und ich liebe es zu arbeiten!«

Katharine Graham

1917–2001 Zeitungsverlegerin

Es geschah am 3. August 1963. An diesem Tag sollte sich alles im Leben der Katharine Graham ändern. Mit ihrem Mann Phil war sie zur Farm Glen Welby in Hume, Virginia, gefahren. Phil, manisch-depressiv, achtundvierzig Jahre alt, hatte die Klinik übers Wochenende verlassen können und sehnte sich, wie er sagte, nach der Ruhe auf dem Landsitz der Familie. Auf der Terrasse hatten sie zu Mittag gegessen, sich unterhalten und klassische Musik gehört. Katharine schöpfte wieder Hoffnung, nach all den schrecklichen Wochen der Krankheit schien Phil endlich einmal wieder glücklich zu sein. Doch wenige Stunden später tönte ein Gewehrschuss durchs Haus. In einem der Badezimmer fand Katharine ihren Mann, »so offensichtlich tot, dass ich nur noch ins Nachbarzimmer laufen und mein Gesicht in den Händen vergraben konnte«.

Mit dem Freitod ihres Mannes brach für Katharine eine Welt zusammen. Auch wenn ihre Ehe in den letzten Jahren von heftigen Krisen erschüttert worden war, so bildete Phil doch bis zuletzt das Zentrum ihres Lebens. Dreiundzwanzig Jahre lang hatte sie fast ausschließlich für diesen Mann existiert, sich ihm untergeordnet bis zur Selbstaufgabe – ein Schicksal, das im Einklang mit den gesellschaftlichen Normen jener Zeit stand, ihrem Wesen aber dennoch nicht zu entsprechen schien.

In einer überaus wohlhabenden Familie wurde Katharine als viertes von fünf Geschwistern am 16. Juni 1917 in New York geboren. Ihr Vater, der erfolgreiche Finanzmakler Eugene Meyer, entstammte einer angesehenen jüdischen Familie aus dem Elsass. Die Vorfahren der Mutter Agnes waren ebenfalls um 1860 nach Amerika immigriert, aus Norddeutschland. Beide hatten eine hervorragende Ausbildung bekommen und waren zeit ihres Lebens interessiert an politischen, gesellschaftlichen und künstlerischen Entwicklungen. Eugene Meyer ging bald als gefragter Finanzexperte der Regierung nach Washington, und die exzentrische Agnes arbeitete als Journalistin, widmete sich intensiv dem Studium chinesischer Kunst und zählte Persönlichkeiten aus Politik und Kunst in Amerika und Europa zu ihren Freunden. In der Erziehung ihrer Kinder hatte Bildung eine herausragende Bedeutung. Die Erwartungen, insbesondere der Mutter, waren hoch, sowohl in Bezug auf die Leistungen als auch auf den gesellschaftlichen Erfolg. Das Normale war nicht gut genug, Mittelmaß kam nicht infrage. Reichtum, der im Hause Meyer zur Genüge herrschte, durfte kein Grund für ein bequemes Leben sein. Man könne nicht einfach ein reiches Kind sein, so argumentierte der Vater, sondern müsse »etwas dafür leisten, nämlich nützliche, produktive Arbeit verrichten«. Nichtstun war nicht gestattet.

Die begabte Mutter setzte Maßstäbe, denen sich die Kinder kaum gewachsen fühlten. Noch Jahrzehnte später hatte Katharine aufgrund dessen mit mangelndem Selbstbewusstsein zu kämpfen. Aus der Sicht der Mutter waren die Kinder jedoch allesamt glückliche, zweisprachige Überflieger.

In Washington besuchte Katharine zunächst die Montessori-Schule, wo man sie ermutigte, eigene Interessen zu verfolgen. Nach drei Jahren konnte sie solche Dinge wie Radschlagen oder eurhythmische Tänze, hatte dafür aber zum Beispiel keine Ahnung von Mathematik. Der Wechsel aus dieser liberalen, ungezwungenen Umgebung der Montessori-Schule auf ein konventionelles Privatgymnasium für Mädchen bereitete der Achtjährigen erhebliche Probleme. Der streng strukturierte Tagesablauf, das vorherrschende konservative Klima schüchterten sie ein. Sie fühlte sich deplatziert, meinte, anders zu sein als die anderen, litt einerseits unter der Angst, den Anforderungen nicht zu genügen, sparte andererseits nicht an Kritik gegenüber ihren Mitschülerinnen. Unweigerlich manövrierte sie sich so selbst in die Isolation – und begriff erst langsam: Um der Einsamkeit zu entgehen, muss man sich anpassen. Sie lernte, »in einer Welt zurechtzukommen, in die man hineingestellt wird«.

»Kay wird im Zeitungsgeschäft mal eine ganz Große«

Dem Gymnasium folgte wie bei allen Meyer-Töchtern der Besuch der von den Eltern großzügig unterstützten Madeira School in Virginia, nahe bei Washington. Die Gründerin dieser Highschool für Mädchen, Lucy Madeira, vertrat reformpädagogische Ansichten, bestand auf einer einheitlichen Schuluniform, diskutierte mit den Schülerinnen über soziale Gerechtigkeit und verkündete, dass Gott eine Frau sei. Durch die Mitarbeit an der Schulzeitschrift machte Katharine ihre ersten journalistischen Erfahrungen, offenbar mit Erfolg, denn im Jahrbuch ihrer Abschlussklasse war zu lesen: »Kay wird im Zeitungsgeschäft mal eine ganz Große.« Das waren beste Voraussetzungen für ein zukünftiges Familienunternehmen, denn am 1. Juni 1933 ersteigerte Eugene Meyer die *Washington Post*.

Die Öffentlichkeit reagierte zunächst skeptisch auf den neuen Besitzer, fürchtete, dass der Republikaner aus der Zeitung ein Parteiblatt machen wolle. Doch Eugene Meyer sah von Beginn an eine der wichtigsten Aufgaben seiner Zeitung darin, der Demokratie zu dienen und der Öffentlichkeit die Wahrheit zu sagen. Gegebenenfalls auch um den Preis materieller Opfer, wenn es der Allgemeinheit diene. Und es dürfe keine Vertretung partikularer Interessen geben.

Diese Prinzipien eines unabhängigen Journalismus blieben für ihn immer bindend – wie später auch für seine Tochter Katharine. Den dafür überzeugendsten Beweis lieferte sie zu Beginn der Siebzigerjahre, als sie sich trotz heftiger Proteste der Nixon-Regierung und drohender Prozesse für die Veröffentlichung von Pentagon-Papieren über »Missbräuche von Regierungsvollmachten« entschied und ein Jahr darauf, 1972, die Aufdeckung des Watergate-Skandals durch die Reporter Carl Bernstein und Bob Woodward unterstützte.

Das erste Mal arbeitete Katharine in der *Washington Post* im Sommer 1934, direkt nach dem Abschluss der Highschool. Sie verbrachte die Ferien nicht wie gewohnt auf dem Landsitz ihrer Familie in Mount Kisco bei New York, sondern erledigte Hilfs- und Botendienste in der Frauenredaktion. Fortan ließ die Zeitung sie nicht mehr los. Im Vassar College, einem exklusiven Frauencollege in Poughkeepsie, das sie in den nächsten zwei Jahren besuchte, las sie täglich die *Post* und korrespondierte darüber mit ihren Eltern: »Ich kommentierte, ermutigte und kritisierte auch, was mir auffiel, während meine Eltern, speziell mein Vater, mir sehr detailliert über die hausinternen Vorgänge berichteten. So empfand ich mich weitgehend einbezogen in den Kampf zur Verbesserung des Blattes. Ein wenig zu meiner eigenen Überraschung – angesichts der Tatsache, dass ich mich damals selbst als ungebildet, weltfremd und ziemlich meinungslos empfand – war ich anscheinend doch zu eigenständigen Bewertungen und Verbesserungsvorschlägen für die Zeitung und das Gedruckte in der Lage.«

Es war eine Zeit des politischen Umbruchs in den USA. Nach der verheerenden Wirtschaftskrise von 1929 machte der demokratische Präsident Franklin D. Roosevelt deutlich, dass das System des ungebremsten Wirtschaftsliberalismus versagt habe, und versprach der Nation einen New Deal, in dem auch die Arbeiterschaft einen gerechten Anteil am wirtschaftlichen und gesellschaftlichen Fortschritt haben sollte. Katharine wurde eine glühende Anhängerin Roosevelts, schrieb für die Campus-Zeitung und wurde Mitglied eines kommunistisch orientierten Clubs. Nicht gerade zur Freude der Eltern, die ihrer Tochter aber dennoch eigene Erfahrungen zugestanden. Ihr politisches Engagement setzte Katharine als Studentin an der University of Chicago fort, wo sie Amerikanische Geschichte sowie diverse Kurse in Wirtschaftswissenschaften belegte und wo sie an langen Abenden bei Bier erregte politische Diskussionen mit den Kommilitonen führte. In einem Seminar über die Situation von Arbeitgebern und Arbeitnehmern wurde sie mit den aktuellen Streiks der Stahlarbeiter konfrontiert, in deren Verlauf es ihr als Tochter des Herausgebers der *Post* gelang, durch die Fabrik geführt zu werden und mit den Werktätigen zu sprechen. Erstmals spürte sie die Macht der Medien, bekam eine Ahnung von den Möglichkeiten, die sich den Zeitungsmachern boten. Sie war begeistert. Journalistin wollte sie werden – was lag da näher? »Kay, du solltest Zeitungsfrau werden«, schrieb auch die Mutter, und der Vater: »Wenn du nicht bald zur *Post* kommst, dann wird außer Routinearbeiten, um die erreichte Position zu halten, nichts mehr für dich zu tun sein ... Du solltest aber daran mitarbeiten, die *Post* an die Spitze zu bringen.« Nach dem Studienabschluss 1938 ging Kay für zwei Monate zu den *San Francisco News*, lernte die Praxis des täglichen Zeitungschreibens und startete dann im April 1939 für 25 Dollar in der Woche bei der *Washington Post*.

Sie erkämpfte sich Schritt für Schritt das Wissen und Können als Verlegerin und Konzernchefin

Es hätte so weitergehen können: eine erfolgreiche Karriere ohne Unterbrechung. Doch bis Katharine Graham an die Spitze des Zeitungsimperiums gelangte, vergingen mehr als zwanzig Jahre, denn nun begegnete ihr zunächst einmal Phil Graham. Dem »brillanten, charismatischen, faszinierenden, blitzgescheiten, sachorientierten, fleißigen, geistreichen und überraschend gut aussehenden« Harvard-Absolventen und Assistenten des Bundesrichters in Washington sagte man eine große Zukunft voraus. Und er wollte Katharine heiraten – vorausgesetzt, sie wäre mit zwei Kleidern zufrieden, denn sie müssten mit dem auskommen, was er verdiene. Phil stammte aus einer verarmten Familie und wollte keinesfalls vom Reichtum der Meyers abhängig sein. Am 5. Juni 1940 heirateten Phil und Katy in

Mount Kisco. Eine Traumhochzeit. Es folgte eine glückliche Zeit für das junge Paar. Katharine lernte, bescheidener zu leben, schrieb, wenn Phil lange im Gericht zu tun hatte, Artikel für die Zeitung ihres Vaters, man traf sich mit Freunden, diskutierte. Und Phil brachte in das Leben seiner Frau »mehr Lachen, Frohsinn, Respektlosigkeit gegenüber Konventionen und mehr Originalität«.

Nachdem Roosevelt am 11. Dezember 1941 Hitlerdeutschland den Krieg erklärt hatte, beschloss auch Graham, Soldat zu werden. Im Juli 1942 absolvierte er verschiedene Ausbildungslager, und Katharine, die Soldatenbraut, zog ihrem Mann hinterher. In trostlosen Pensionen harrte sie tagsüber aus, um abends für zwei Stunden mit ihm zusammen sein zu können. Erst als das Multitalent Phil, der in kürzester Zeit bis zum Hauptmann aufstieg, vom Geheimdienst auf die Philippinen abkommandiert wurde, kehrte sie nach Washington zurück. Im Herbst 1945 kam dann auch ihr Ehemann wieder endgültig heim – zu seiner inzwischen vierköpfigen Familie. Nach zwei Fehlgeburten hatte Katharine im Sommer 1943 Tochter Elizabeth (»Lally«) und im Frühjahr 1945 Sohn Donald (»Don«) zur Welt gebracht.

Beeindruckt von den Qualitäten seines Schwiegersohns, bot Eugene Meyer diesem die Mitarbeit in der Zeitung an. So begann Graham Anfang 1946 im Alter von dreißig Jahren als stellvertretender Herausgeber der *Post*, um schon im Juni desselben Jahres als Verleger die gesamte Verantwortung für das Blatt zu übernehmen. Eugene Meyer wurde nicht enttäuscht. Graham führte die Zeitung außerordentlich erfolgreich und sorgte durch Zukäufe weiterer Medienunternehmen für eine Expansion der Washington Post Company. Bereits Mitte 1948 überschrieb

Meyer seiner Tochter und ihrem Mann die Mehrheitsrechte an dem Konzern, wobei Phil den Löwenanteil erhielt, denn – wie der Vater erklärte – es sollte »kein Mann in die Lage versetzt werden, für seine Frau zu arbeiten«. Dem stimmte Katharine aus vollem Herzen zu.

In wenigen Ehejahren hatte sie sich anscheinend ohne Mühe auf eine traditionelle Rollenverteilung eingestellt, aus der aufstrebenden Journalistin wurde eine dienende Frau an der Seite eines machtvollen Mannes. Sie brachte noch zwei Söhne zur Welt – 1948 William und 1952 Stephen –, im Mittelpunkt ihrer Bemühungen aber war Phil. Ständig für ihn da zu sein wurde Sinn ihres Lebens. Phil hasste das Alleinsein. Dadurch war Katharine, wenn auch nur am Rande, immer über die Vorgänge in der *Post* informiert. Die Zeitung bestimmte überhaupt beider Alltag. Sie engagierten sich gegen die Rassendiskriminierung in den USA, zudem hatten sie zum Beispiel enge Kontakte zu den Kandidaten der Demokraten für die Präsidentschaftswahlen 1960, Lyndon B. Johnson und John F. Kennedy. Nicht zuletzt dank der direkten Einflussnahme Phils soll Kennedy Johnson nach der Wahl zum Vizepräsidenten der USA gemacht haben.

Die Ehe der Grahams bekam in dieser Zeit dennoch Risse. In Alkoholexzessen verschaffte sich Phil Luft von einer ständigen Überbeanspruchung, Wutausbrüche folgten, bald auch Herabsetzungen seiner Frau in der Öffentlichkeit. Süffisant und maliziös vorgetragen, machte er Katharine zum Gespött von Familie und Gesellschaft – wenn er sie zum Beispiel »Porky« nannte, nachdem sie etwas zugenommen hatte, und ihr das Firmenschild eines Metzgers mit einem Schweinskopf für den Landsitz in

Glen Welby schenkte. Katharine aber nahm die Beleidigungen nicht wahr, selbst dann nicht, wenn Freundinnen sie darauf ansprachen. Erst Jahre später erkannte sie: »Je älter ich wurde, desto schüchterner und befangener wurde ich auch. Ich wusste immer noch nicht, wie ich am vorteilhaftesten aussah oder mich in gesellschaftlichen Situationen einigermaßen gewandt verhalten sollte. Ich hatte Angst, andere zu langweilen, und glaubte weiterhin, die Leute seien am Umgang mit uns allein Phils wegen interessiert ... Je präsenter er auf der journalistischen und politischen Bühne war, desto mehr sah ich meine Rolle als die seines Anhängsels – und je mehr ich das Gefühl hatte, in seinem Schatten zu stehen, desto mehr wurde dieses Gefühl zur Realität.«

Sie liebte den Journalismus und auch die Macht, die ihr nun in die Hand gegeben war

Doch es kam noch schlimmer. Phil wurde manisch-depressiv, begab sich in ständige psychiatrische Behandlung. Die Belastungen brachten schließlich auch Katharine an ihre Grenzen, aber ihr blieb keine Wahl: Phil brauchte sie. Selbst als er sie im Januar 1963 wegen einer Geliebten verließ, bot sie sich ihm als sein »Maskottchen« an, das immer für ihn da sei. Erst als er plante, sie mit der Scheidung aus der *Post* hinauszudrängen, hatte sie den Impuls, sich zu wehren. Nun allerdings mischte sich das Schicksal ein. Im Juni kehrte Phil zu ihr zurück, hochgradig depressiv, und nur wenige Wochen später war er tot.

Katharine war jetzt sechsundvierzig Jahre alt und musste ihr Leben selbst in die Hand nehmen. Ihr Vater war

1960 gestorben, ihre Mutter hatte sich aus allen Geschäften zurückgezogen und hielt sich am liebsten auf einer Jacht im Mittelmeer auf. Am 20. September 1963 wurde Katharine Graham zur Präsidentin der Washington Post Company gewählt. Ihre Annahme, dass der Betrieb einfach so weiterlaufen würde wie bisher, erwies sich schnell als ein Irrtum. Nichts ging von alleine, und wie sich herausstellte, war auch ihr Ehemann nicht so perfekt gewesen, wie sie stets gedacht hatte. Nur abwarten, bis die Kinder so weit sein würden, den Konzern zu übernehmen, das würde kaum funktionieren. Zögerlich ging sie an die Arbeit. Gleichsam wie eine verunsicherte Volontärin machte sie sich mit den Abläufen vertraut und erkämpfte sich Schritt für Schritt das Wissen und Können als Verlegerin und Konzernchefin. Sie überwand ihre Schüchternheit, stellte sich den Problemen und fand heraus, wie die Aufgaben von ihr – und nur von ihr – bewältigt werden konnten.

Je mehr sie arbeitete, desto erfüllender empfand sie ihre neue Tätigkeit. Sie liebte den Journalismus und auch die Macht, die ihr nun in die Hand gegeben war. Dass sie als Frau eine geradezu exotische Rolle in einer von Männern bestimmten Welt einnahm, verunsicherte sie zwar, es blieb jedoch ohne Auswirkung auf ihr berufliches Handeln. Als Anfang der Siebzigerjahre die Frauenbewegung immer stärker in die Öffentlichkeit drängte, setzte langsam ein allgemeines Umdenken ein. Auch Katharine erkannte, dass der Aufbruch der Frauen längst überfällig war – und engagierte sich dafür sowohl in der *Post* als auch im gesellschaftlichen Leben.

Nach und nach setzte sie all ihre Fähigkeiten und Talente wieder frei, die durch die Ehejahre verschüttet worden waren. Sie stellte kluge Berater in Sachen Finanzen ein, holte neue Leute an Bord der Zeitung, mit denen sie ihre hohen Ansprüche eines freien Journalismus umsetzen konnte. Unternehmerischen Mut bewies sie 1971 mit dem Börsengang des Medienimperiums. Der Skandal um die Pentagon-Papiere hatte schon zu dieser Zeit begonnen – aber Katharine Graham verfügte sowohl über geschäftlichen als auch journalistischen Instinkt. Sie brachte die *Post* an die Spitze aller großen Zeitungen in den Metropolen der USA und machte aus dem vor der Pleite stehenden New Yorker Nachrichtenmagazin *Newsweek*, das zur Company gehörte, einen liberalen Konkurrenten von *Time*.

Neben der *Washington Post* und *Newsweek* gehörten zudem zahlreiche andere Zeitungen, Fernsehsender und weitere Mediengesellschaften zum Verlagshaus. 1988 wurde die Washington Post Company zu einem der fünf am besten geführten Konzerne der USA gekürt und Katharine Graham zur mächtigsten Frau Amerikas. Bald darauf, 1991, übergab sie nach siebenundzwanzig Jahren die Leitung ihrem Sohn Don. Zu diesem Zeitpunkt verbuchte die Company jährliche Einnahmen von 1,4 Milliarden Dollar, 1963 waren es noch 84 Millionen Dollar gewesen.

Nach ihrem Rückzug schien es Katharine Graham angezeigt, Bilanz zu ziehen. 1997 erschien ihre Autobiografie »Wir drucken!« – eine sehr persönliche Geschichte und zugleich ein Spiegel des gesellschaftlichen Wandels im 20. Jahrhundert. Hierfür erhielt sie 1998 den Pulitzer-Preis. Drei Jahre später, am 17. Juli 2001, starb sie im Alter von vierundachtzig Jahren nach einem Sturz bei einer Medienkonferenz in Sun Valley.

Franziska zu Reventlow

1871–1918 Bohèmienne

Ich will überhaupt lauter Unmögliches, aber lieber will ich das wollen, als mich im Möglichen schön zurechtzulegen«, notiert Franziska von Reventlow 1903 in ihr Tagebuch. Ein Satz, der sich liest wie ein Lebensmotto: Im gleichen Jahr wird die 32-jährige, ledige Mutter eines Sechsjährigen eine weitere Unmöglichkeit wagen – sie wird mit zwei Männern, einer davon ist ihr Liebhaber, in eine Wohnung in der Kaulbachstraße ziehen. Und sie hat bereits mehrere Unmöglichkeiten hinter sich gebracht; sie kennt den Preis, der für geistige und körperliche Freiheit zu zahlen ist. Ihr Elternhaus in Lübeck verstieß sie, als sie nicht nur im als subversiv geltenden »Ibsen-Club« der Stadt verkehrte, sondern auch noch eine – platonische – Liebesbeziehung mit einem Mitglied unterhielt. Von dem Hamburger Gerichtsassessor Walter Lübke, der ihre ersten beiden Aufenthalte in München zum Zwecke einer Malerei-Ausbildung finanziert hatte, wurde sie 1896 wegen fortgesetzten Ehebruchs geschieden. Geheiratet hatte sie ihn zwei Jahre zuvor, als sie von ihrem Liebhaber, einem polnischen Maler, schwanger geworden war; später erlitt sie eine Fehlgeburt.

Die Münchner Bohème war fasziniert von der Frau, die nicht nur ihrem Geist, sondern auch ihrem Körper Freiheiten erlaubte, die sich auf unverbindliche Liebesbeziehungen mit diversen Protagonisten der Schwabinger Bohème einließ, darunter der Philosoph Ludwig Klages, der Geologe Albrecht Hentschel und der Schriftsteller Karl Wolfskehl. Für sämtliche geistigen Strömungen der Münchner Moderne stellte sie ein Ideal dar: Sie lebte ungebunden und unkonventionell, ohne sich die Ideale der Frauenbewegung auf die Fahne zu schreiben. Sie wurde wegen ihrer sexuellen Freizügigkeit, aber auch wegen ihrer Bildung, ihrer Eloquenz, ihres Humors und ihrer Schönheit als moderne Hetäre verehrt. Und da sie ihre Mutterrolle sehr ernst nahm – den Namen des Vaters ihres 1897 geborenen Sohns Rolf gab sie nie preis –, erfüllte sie auch noch vorbildlich diese archaischste aller weiblichen Aufgaben, die selbst bei den avantgardistischsten Bohèmiens als primärer Sinn und Zweck eines Frauenlebens galt.

Über die Schattenseiten dieses Lebens sahen die Idealisten »Schwabylons« hinweg, sowie man sie auch heute noch bei einem romantisch-verklärten Blick auf das Leben der Bohème gerne ignoriert. Franziska zu Reventlow, die immerhin sich und ihren Sohn allein über Wasser halten musste, stand permanent vor dem finanziellen Abgrund. Ständig musste sie umziehen, weil ein Vermieter sie wegen Zahlungsrückständen vor die Tür gesetzt hatte. Ihrem eigentlichen Ziel, Malerin zu werden, kam sie keinen Schritt näher, weil sie permanent gezwungen war, irgendwie Geld aufzutreiben: Sie versuchte sich als Schauspielerin, als Glasmalerin, prostituierte sich, fertigte schlecht bezahlte Übersetzungen für den Albert Langen Verlag an, schrieb Rezensionen, Erzählungen, später Romane, die ihr zwar eine bis heute anhaltende literarische Bekanntheit sicherten, nicht aber die Existenz. Die Tatsache, dass sie bis zu ihrer Zeit in Ascona keine länger anhaltende Beziehung zu einem Mann einging, machte die Lage nicht einfacher – denn so war auch von Seiten eines Partners keine kontinuierliche finanzielle Unterstützung zu erwarten. Zwar versuchten einige Männer, etwa der Philosoph Ludwig Klages, behutsam ordnend in Reventlows chaotisches Leben einzugreifen, doch war weder dem Liebesverhältnis noch den daraus erwachsenen Anregungen eine über zwei Jahre hinausreichende Dauer beschieden. Zu den monetären Schwierigkeiten kamen anhaltende gesundheitliche Probleme, mehrere Operationen, schließlich 1904 die körperlich wie psychisch überaus belastende Fehlgeburt von Zwillingen, die sie von ihrem damaligen Lebensgefährten, dem Maler Bohdan von Suchocki, erwartet hatte.

»Ich will und muss einmal frei werden; es liegt nun einmal tief in meiner Natur, dieses maßlose Streben, Sehnen nach Freiheit.«

In ihrer fortschrittlichen Denk- und Lebensweise aber ließ Franziska zu Reventlow sich nicht beirren. Wie weit sie ihrer Zeit voraus war, beweist ihr 1904 gefällter Entschluss, ihren nun schulpflichtigen Sohn selbst zu unterrichten. Die Erlaubnis dazu wurde nur erteilt, weil sie nachweisen konnte, dass sie 1892 selbst das Lehrerinnenexamen abgelegt hatte. Eine überaus mutige Entscheidung, nicht nur im Hinblick auf die herrschenden gesellschaftlichen Konventionen und erzieherischen Ansichten – »... muss ihn ganz frei und für mich haben, dass mir das schöne grade Bäumchen nicht verkrümmt wird«, fand sie –, sondern auch im Hinblick auf ihre Lebenssituation. Die Perspektive, nun die Hälfte jeden Tages in die Unterrichtung ihres

Sohnes investieren zu müssen, dürfte sich nicht gerade erleichternd ausgewirkt haben.

1910 wurde ihre materielle Lage derart erdrückend, dass sie schweren Herzens ihrer lieb gewonnenen Wahlheimat München den Rücken kehrte, um nach Ascona überzusiedeln – nicht aber, um sich auf dem Monte Verità den dort versammelten Anhängern der Lebensreform-Bewegung anzuschließen. Sie zog an den Lago Maggiore, um in der Hoffnung auf eine stattliche Erbschaft eine Scheinehe mit dem baltischen Baron Alexander von Rechenberg-Linten einzugehen. Als dessen Verwandtschaft dem Betrug auf die Schliche kam, zerschlug sich auch diese Perspektive. Dennoch blieb sie in der Schweiz; an eine Rückkehr war für die nun mit einem russischen Pass ausgestattete Franziska zu Reventlow nach dem Ausbruch des Ersten Weltkriegs auch gar nicht mehr zu denken. Außerdem wurde die umtriebige, lebenshungrige Gräfin ruhiger. 1911 hatte sie in Locarno einen Rechtsanwalt kennengelernt, mit dem sich eine feste Liebesbeziehung entwickelte. »... das hiesige Idyll besteht immer noch – man wird alt und beständig«, schrieb sie Freunden 1916. Zu einer Heirat, zu der sie der Geliebte drängen wollte, konnte sie sich allerdings nicht entschließen. Das Idyll fand ein anderes, tragisches Ende: Im Juni 1918 stürzte Franziska zu Reventlow vom Fahrrad und verletzte sich schwer; während der darauf folgenden Operation starb sie, mit siebenundvierzig Jahren, an Herzversagen.

Die alten Münchner Freunde waren schockiert – wegen ihres plötzlichen Todes, aber auch wegen ihres nach ihrem Tod veröffentlichten Tagebuches, das auch die depressiven, dunklen Seiten einer Frau offenbarte, die die meisten nur als fröhliche, ausgelassene Figur wahrgenommen hatten. Nur Erich Mühsam, der Schriftsteller, Anarchist und überaus kluge Beobachter, hatte schon früh erkannt, was sich hinter der strahlenden Fassade verbarg: »... sie war ein froher Mensch, dessen Frohsinn aus dem tiefsten Ernst des Charakters kam. Wenn sie lachte, dann lachte der Mund und das ganze Gesicht, dass es eine Freude war, hineinzusehen«, schreibt er in seinen »Unpolitischen Erinnerungen«. »Aber die Augen, die großen, tiefblauen Augen, standen ernst und unbewegt mitten zwischen den lachenden Zügen.« Er erkannte die tiefe Misere ihres Lebens und bewunderte umso mehr, dass sie inmitten »Krankheit, Schulden, Pech jeder Art« die Fähigkeit behielt, »Glück zu genießen«.

Frida Kahlo

1907–1954 Künstlerin

Eigentlich stand Frida Kahlos Leben unter keinem guten Stern. Als Kind erkrankt sie an Kinderlähmung, und 18-jährig erleidet sie bei einem Busunfall schwerste Verletzungen, die sie lange Zeit ans Bett fesseln und ihr zeitlebens körperliche und seelische Schmerzen bereiten. Noch im Krankenhaus beginnt sie zu malen und entdeckt die Welt der Bilder als Selbsttherapie. Trotz ihrer leidvollen Erfahrungen ist Frida Kahlo eine Kämpferin, die nie aufgibt und entschlossen und mit aller Kraft ihr gesamtes Leben der Kunst widmet. Zu diesem Leben gehört seit 1929 auch der berühmte mexikanische Maler Diego Rivera, mit dem sie eine innige Liebe verbindet, die geprägt ist von Trennungen, Versöhnungen und zwei Hochzeiten. Ihm wird sie ihre schönsten Gedichte schreiben und ihre verletzlichsten Briefe. In vielen ihrer surrealistischen Arbeiten kehrt Frida Kahlo ihr Innerstes nach außen, zeigt dem Betrachter schonungslos ihr intimstes Empfinden, ihre Wut, Verzweiflung und Angst. Wohl am berühmtesten ist ihr Selbstporträt »Die gebrochene Säule« aus dem Jahr 1944, das ihren entblößten, aufgeschnittenen, nur von Gurten zusammengehaltenen Körper zeigt. Dennoch ist sie eine schöne und auffällige Frau, die bunte Kleider, mexikanische Tracht und auffallenden Schmuck trägt, und ihre Haare kunstvoll hochsteckt.

Elizabeth Blackwell

1821–1910 Ärztin

Dass Elizabeth Blackwell als erste Frau in der westlichen Welt offiziell Medizin studieren durfte, hatte sie vor allem dem Umstand zu verdanken, dass eine Gruppe Studenten ihre Bitte, an den Vorlesungen teilzunehmen, für einen Witz hielt. In schallendes Gelächter brachen sie aus, als der Aufnahmeantrag der jungen Frau vorgelesen wurde, stimmten johlend mit Ja; die ganze Situation, so erinnerte sich ein Student später, sei »höchst spaßhaft« gewesen und habe zu »lärmendem Beifall« geführt. Nein, dass eine Frau hier auftauchen würde, konnte man sich beim besten Willen nicht vorstellen, so etwas hatte es noch nie gegeben und würde es auch nie geben, man konnte also ebenso gut für die Zulassung votieren. Die Leitung des Geneva College reagierte irritiert, war sie sich doch hundertprozentig sicher gewesen, dass die Studenten den Antrag ablehnen würden, sonst hätte man die Entscheidung ja wohl nicht den jungen Leuten überlassen. Was nun, wenn diese junge Frau aus Cincinnati tatsächlich kam?

Über Ländergrenzen hinweg bewundert

Sie kam. Überglücklich über die einzige positive Antwort neben den Absagen sämtlicher Colleges in den Nordstaaten der USA – in den Südstaaten hatte sie sich als überzeugte Gegnerin der Sklaverei nicht beworben –, packte Elizabeth Blackwell, mittlerweile 26 Jahre alt, ihre Koffer und reiste nach New York. Im Geneva College zeigte sie den verdutzten Studenten, Dozenten und Administratoren ihre Zulassung und setzte sich in den Hörsaal. Zwei Jahre später legte sie als Klassenbeste ihr Examen ab – ein wiederum so außergewöhnliches Ereignis, dass es weit über die amerikanischen Grenzen hinaus wahrgenommen wurde. Das englische Satiremagazin *Punch* würdigte es sogar mit einem Gedicht:

»*Young ladies all, of every clime*
Especially of Britain
Who wholly occupy your time
In novels or in knitting'
Whose highest skill is but to play
Sing, dance, or French to clack well,
Reflect on the example, pray
Of excellent Miss Blackwell!«

Der Wunsch, Medizin zu studieren und insbesondere als Frauenärztin zu arbeiten, wurde bei Elizabeth geweckt, als eine Freundin der Familie starb – vermutlich an einer Unterleibserkrankung – und ihr auf dem Sterbebett versicherte, sie hätte nicht so viel leiden müssen, wäre sie von einer Frau behandelt worden. Wie viel lieber hätte sie sich zudem einer Frau anvertraut – und was für eine gute Ärztin würde Elizabeth abgeben.

Geboren wurde Elizabeth Blackwell 1821 als drittes von insgesamt neun Kindern nahe der englischen Stadt

Bristol, von wo die Familie 1832 in die Vereinigten Staaten zog. Schon früh hatte Elizabeth gelernt, für eigene Überzeugungen einzustehen. Ihre Eltern, schon immer politisch stark engagiert, setzten sich für die Frauenrechte und gegen die Sklaverei ein. So leitete die Mutter nach dem frühen Tod ihres Mannes eine Privatschule für Farbige, in der Elizabeth wie auch ihre beiden Schwestern mitarbeiteten. Auch die Brüder folgten dem Beispiel der Eltern; Samuel und Henry sollten später Sozialreformen einleiten. Samuel heiratete die erste amerikanische Pastorin, Henry die bekannte Frauenrechtlerin Lucy Stone, die als erste Frau in Amerika nach der Hochzeit ihren Mädchennamen behielt. Eine engagierte Familie also, die sich auf vielfache Weise gegen soziale Ungerechtigkeit einsetzte. Dies galt auch für Elizabeth: Empfand sie ihren Wunsch zu studieren zunächst als ein persönliches Anliegen, so wurde daraus für sie mit jeder weiteren Absage eine Angelegenheit von gesellschaftspolitischer Bedeutung. Nicht mehr nur für ihre eigene Zulassung wollte sie kämpfen, sondern für das Recht auch anderer Frauen auf höhere Bildung.

»Der Gedanke, einen Doktorgrad zu erwerben, nahm langsam den Charakter eines großen moralischen Feldzuges an – und dieser moralische Kampf übte eine große Anziehungskraft auf mich aus.« Ihr persönlicher Berufswunsch war unweigerlich zur »Frage von Gerechtigkeit und Vernunft« geworden, zu einem »Kampf, der bei Tageslicht ausgetragen werden muss, mit öffentlicher Zustimmung«. Sie führte diesen Kampf jedoch noch nicht lautstark, wie später die radikalen Suffragetten, sondern, wie es heißt, zurückhaltend und damenhaft, voller Würde und mit strengen moralischen Grundsätzen.

Das Ziel, Frauenärztin zu werden, verfestigte sich während des Studiums, vor allem, nachdem Elizabeth an zahlreichen von Männern durchgeführten gynäkologischen Untersuchungen teilgenommen hatte: »Es war eine schreckliche Entblößung und für jede Frau erniedrigend, einer solchen Tortur ausgesetzt zu sein.« Insbesondere ein Praktikum auf der Frauenstation für Syphiliskranke in einem Armenhaus hatte ihr katastrophale Zustände vor Augen geführt und bestärkte sie in ihrem Wunsch. Hier sah sie ihren Arbeitsbereich. Hier wollte sie Abhilfe schaffen.

Doch bis es so weit war, musste Elizabeth noch einen beschwerlichen Weg gehen. Als sie 1849 nach Paris ging, dem Zentrum von Geburtshilfe und Frauenheilkunde in Europa, um ihr Wissen in diesen Bereichen zu vertiefen, wurde ihr amerikanischer Doktortitel nicht anerkannt. Kurzerhand schrieb sie sich als Hebammenschülerin an der berühmten La Maternité ein und begann, einen geburtshilflichen Intensivkurs zu belegen. Nur vier Monate später infizierte sie sich jedoch während einer Operation bei einem syphiliskranken Säugling, erblindete und musste von nun an ein Glasauge tragen.

Bekanntschaft mit Florence Nightingale

Die nächste Station war England. Hier hospitierte sie am St. Bartholomew's Hospital und lernte die nur ein Jahr ältere Florence Nightingale kennen, die wie sie für die offizielle Anerkennung von Frauen in der Medizin eintrat und sich kurz zuvor in Deutschland in der Krankenpflege hatte ausbilden lassen. Nightingale beeinflusste Elizabeth nachhaltig für ihr gesamtes Leben, indem sie ihr die enorme Bedeutung von Gesundheitspflege und Hygiene verdeutlichte – schließlich gab es zu dieser Zeit keine Desinfektionsmittel, keine Sterilisation, keine Antibiotika, keine Betäubungsmittel. Die Zustände in den medizinischen Einrichtungen waren geradezu barbarisch. Übrigens auch ein Argument der Gegner des Frauenstudiums, die betonten, dass eben diese Situation für das zartbesaitete weibliche Geschlecht unzumutbar sei. Blackwell und Nightingale konterten, dass es gerade die Frauen seien, die diese Zustände ändern könnten, da sie über mehr Sensibilität, mehr Mitgefühl und mehr Fürsorglichkeit verfügten. Deshalb seien sie im Medizinbetrieb unentbehrlich.

Wieder in New York, wurde das Leben für Elizabeth nicht einfacher. Weder fand sie eine Anstellung noch wurden ihr Praxisräume vermietet. Die Vorurteile gegenüber der ersten Ärztin bestanden nach wie vor. Nicht nur bei den männlichen Kollegen, sondern auch bei den Patientinnen und Patienten, die nicht so recht daran glaubten, dass eine Frau ihnen helfen könne. Elizabeth aber gab nicht auf, sie schrieb und hielt öffentliche Vorträge über Hygiene und Gesundheitspflege.

1853 eröffnete sie eine kleine Ambulanz in einem der ärmeren Viertel von New York City, in Lower Manhattan. Und so war es vor allem die Not, die die Frauen zu ihr kommen ließ, auch weil der Praxis eine Armenapotheke angegliedert war. Besser umsonst oder für wenig Geld von einer Frau behandelt werden als gar nicht. Als die Behandlungen Erfolg zeigten und dies sich herumsprach, mehrten sich die Patienten. Die Praxis begann zu florieren – endlich. »Die ersten sieben Jahre des New Yorker Lebens waren Jahre voller sehr schwieriger Arbeit, wenngleich es auch langsam bergauf ging ... Die Patientinnen kamen nur sehr langsam, um mich zu konsultieren. Ich hatte keinen Mitstreiter oder Kollegen, der Ärztestand war distanziert, und die Gesellschaft hatte kein Vertrauen in diese Erneuerung. Unverschämte Briefe kamen mit der Post, meine finanzielle Situation war eine Quelle anhaltender Sorge«, erinnerte sich Elizabeth später. Auch hier, in den Armenvierteln New Yorks, nahm die Gesundheitserziehung einen besonderen Raum in ihrer Arbeit ein, klärte sie Mütter und Frauen über die Bedeutung von Sauberkeit, frischer Luft und Bewegung auf, damit ihre Kinder gar nicht erst krank würden. 1854 adoptierte sie ein siebenjähriges Mädchen irischer Abstammung.

»Wenn die Gesellschaft nicht die freie Entwicklung der Frau akzeptiert dann muss die Gesellschaft umgestaltet werden.«

Mittlerweile hatte Elizabeths jüngere Schwester Emily ebenfalls Medizin studiert, am Rush Medical College in Chicago, zudem in Europa klinische Erfahrungen gesammelt. Aus Deutschland, von der renommierten Berliner Charité, war die Hebamme Marie Zakrzewska dazugestoßen, die – ermutigt von Elizabeth Blackwell – als eine der ersten Frauen von 1854 bis 1856 in Cleveland Medizin studiert hatte. Mit Spendengeldern erwarb Elizabeth ein Haus in der Nähe der Brooklyn Bridge und eröffnete hier gemeinsam mit Emily und Marie feierlich am 12. Mai 1857, dem Geburtstag von Florence Nightingale, das erste Frauen- und Kinderkrankenhaus in New York City, das New York Infirmary for Women and Children, das sich auch heute noch als New York Downtown Hospital stolz auf Elizabeth Blackwell bezieht. Finanziell und ideell unterstützt wurde das Krankenhaus mit seinen anfangs 16 Betten vor allem von liberalen, reformerischen und feministischen Gruppen – auch dann, wenn etwas schiefging, so z. B., als die erste Patientin an Kindbettfieber verstarb und ihre Verwandten auf der Straße proklamierten, die *lady doctors* brächten ihre Patienten um. Mit der Zeit jedoch etablierte sich auch das Krankenhaus, wie zuvor die Praxis Blackwells. Es diente zudem als Hospitationsmöglichkeit und praktische Ausbildungsstätte für all die Frauen, die sich in medizinischen Berufen ausbilden ließen, jedoch Schwierigkeiten begegneten, wenn sie in medizinischen Einrichtungen praktische Erfahrungen sammeln wollten.

»Vorbeugen ist besser als heilen«

Elizabeth übergab die Leitung des Krankenhauses Emily und Marie. Sie selbst ging zurück nach England, um dort von den Entwicklungen des Frauenstudiums in den USA zu berichten und zahlreiche öffentliche Vorträge zur Gesundheitserziehung zu halten, ihrem mittlerweile zentralen Anliegen. 1859 wurde Elizabeth als erste Frau in das »British Medical Register« aufgenommen, ein deutliches Zeichen ihrer Anerkennung. Wieder zurück in den USA, gründete auch sie 1868 ein dem Krankenhaus angegliedertes Frauencollege, das Women's Medical College of the New York Infirmary, an dem Frauen Medizin studieren konnten. Anders als die überzeugten Frauenrechtlerinnen befürwortete sie die gemeinsame Ausbildung mit männlichen Studenten, welche jedoch zu diesem Zeitpunkt noch nicht in Sicht war. Elizabeth selbst übernahm die Professur für Hygiene. Auch das College wurde, wie zuvor Praxis und

Klinik, als neue Einrichtung mit größtem Misstrauen beobachtet. Möglicher Kritik an der Qualität der Ausbildung beugte Elizabeth vor, indem sie die Anforderungen im Vergleich zu bestehenden Colleges deutlich erhöhte. Es gab besonders strenge Zulassungs- und Abschlussprüfungen, und auch die Studienzeit erhöhte sie statt der üblichen drei Jahre auf vier Jahre. Wer all das auf sich nahm, fand hier jedoch einen geschützten Raum.

Ein Jahr später gab Elizabeth auch die Leitung des Colleges an ihre Schwester ab und ging – nun endgültig – wieder nach England, um sich hier verstärkt der öffentlichen Gesundheitsfürsorge zuzuwenden. »Die frühe Pionierarbeit in Amerika war beendet«, schrieb sie später, in England aber gab es noch viel zu tun. Elizabeth – von ihr stammt der berühmte Spruch »Vorbeugen ist besser als heilen« – wurde eine große Verfechterin der Prävention. 1871 war sie an der Gründung der »National Health Society«, dem Vorläufer des heutigen britischen Gesundheitsdienstes, beteiligt, der sich in besonderem Maße der gesundheitlichen Aufklärung, der Gesundheitsfürsorge und Gesundheitserziehung widmete. Gemeinsam mit Florence Nightingale lehrte sie an der 1874 von Sophia Jex-Blake gegründeten London School of Medicine for Women, erhielt hier den Lehrstuhl für Gynäkologie. Sie schrieb zahlreiche Bücher und Artikel.

Anführerin einer mutigen Bewegung

1899, dreißig Jahre nach seiner Gründung, schloss das Woman's Medical College of the New York Infirmary seine Pforten. Anlass dafür war die erfreuliche Tatsache, dass es

Frauen nunmehr an einem regulären College in New York offiziell gestattet war, Medizin zu studieren. Über fünfzig Jahre hatte Elizabeth für das Frauenstudium gekämpft, im Alleingang immer neue Türen aufgestoßen und Wege gebahnt, in ihrem Schutz hatten die Ärztinnen der zweiten Generation studieren können. 1910, als sie hochbetagt in Schottland starb, waren in den Vereinigten Staaten von Amerika bereits 7.000 Frauen ihrem Beispiel gefolgt und als Ärztinnen anerkannt.

Marie Zakrzewska beschrieb die mutige Ärztin als die »Anführerin der Bewegung, weil sie die Energie, den Willen und das Talent dazu hatte« – und die tiefe Überzeugung, dass Frauen sich selbst von den Fesseln der Vorurteile ihnen gegenüber befreien müssten.

Lise Meitner

1878–1968 Kernphysikerin

Lise kam durch den Hintereingang und war unsichtbar. Die Geschwister nannten sie »Wuzerl«, Staubkorn. Sie kürzte ihren Namen, Elise, auf vier Buchstaben. Die naturwissenschaftlichen Vorlesungen hörte sie versteckt unter den Holzrängen des Hörsaals. Männliche Studenten grüßten sie ostentativ nicht. Sie arbeitete ohne Gehalt und lebte in bescheidensten Verhältnissen, bisweilen mit geliehenen Möbeln. Auf Fotografien ist die Unscheinbare Lise Meitner meist nur im Hintergrund zu sehen oder ganz klein am Bildrand. Oft blickt sie zu Männern auf, oft wirkt sie unsichtbar. Eine bedingungslose Liebe hat sie ein Leben lang Mühen, Entbehrungen, Ignoranz, Diskriminierungen und Demütigungen klaglos erdulden lassen. Diese Liebe galt der experimentellen Physik, und was aus dieser folgte, hatte sie den Männern in diesem Metier zu verdanken. Lise Meitner, die kleine Frau mit dem starken und großen Willen, blieb zeitlebens die »Mitarbeiterin« großer Männer. Ihre überragende Leistungen wurden viel zu wenig gewürdigt. Dabei haben ihr rastloser Erkenntnisdrang und ihre brillante Arbeit einer modernen Wissenschaft zum Durchbruch verholfen, und bescheiden, scheu und unbeugsam hat sie Frauen den Weg in die Forschung geebnet.

Eine Ausnahme-Physikerin allein unter Männern

Zurückhaltend und still kannte man die kleine, blasse und zarte Elise Meitner, so wie es sich für eine höhere Tochter im Wien des späten 19. Jahrhunderts geziemte. Aber welche Energien und welche Leidensfähigkeit verbargen sich in ihr! Weil Mädchen an Gymnasien damals nicht zugelassen waren, legte Lise zunächst das Lehrerinnen-Examen und erst mit 22 Jahren die Reifeprüfung ab – mit dem Ziel, Physik zu studieren. 1901 nahm sie ihr Studium der Physik, Mathematik und Philosophie in Wien auf, wo sie 1906 als zweite Frau im Fach Physik promoviert wurde.

1907 ging sie nach Berlin, um die Vorlesungen von Max Planck zu hören. Doch da in Preußen Frauen erst ab 1909 zum Studium zugelassen wurden, waren die einzigen weiblichen Gestalten am Chemischen Institut der Berliner Universität die Putzfrauen. Professoren, allen voran Max Planck, sahen Student*innen* nur als Fremdkörper in ihrer Männerdomäne. Die Vorlesungen hörte Lise heimlich, unterhalb der Hörsaalsitze. Um mit dem jungen Chemiker Otto Hahn arbeiten zu können, musste die Forscherin die Räume durch den Hintereingang betreten, um nicht gesehen zu werden. So begann die für die Wissenschaft fundamental wichtige Arbeitssymbiose zweier Ausnahmewissenschaftler und gegensätzlicher Charaktere.

Planck sollte schon bald vor den Leistungen der Unbeugsamen kapitulieren und sie zur ersten Universitätsassistent*in* Preußens machen – inoffiziell. Mit Hahn arbeitete sie parallel am neuen Institut für Chemie der Kaiser-Wilhelm-Gesellschaft in Berlin – unentgeltlich. Da die Zulassung der Frauen zu einer Hochschullaufbahn in

Preußen noch länger auf sich warten ließ als die zum Studium, wurde Lise Meitner erst 1918 die Leitung der radiophysikalischen Abteilung am Institut übertragen, und im Jahre 1926 konnte sie als erste Professorin für Physik in Preußen ein akademisches Amt bekleiden. Ihre Antrittsvorlesung hielt sie, folgt man dem Bericht eines Journalisten, über »Probleme der kosm*et*ischen Physik«. Schließlich stammte die Schrift ja von einer Frau. Und doch: Auch wenn es gedauert hatte, Meitner hatte sich als Frau einen Platz in der Welt der Wissenschaft erkämpft. Als Jüdin aber wurde ihr 1933 die Lehrerlaubnis wieder entzogen. Sie forschte noch einige Zeit gemeinsam mit Otto Hahn am Kaiser-Wilhelm-Institut, musste Deutschland jedoch 1938 verlassen und strandete in Stockholm, wo sie eine bescheidene Stellung am schlecht ausgestatteten Nobel-Institut erhielt.

> »Solange nur wir die schlaflosen Nächte haben und nicht Ihr, solange wird es in Deutschland nicht besser werden.«
> Brief an Otto Hahn, Stockholm 1945

Weltverändernde Erkenntnisse – von einer Frau

In den Berliner Jahren hatte Lise Meitner entscheidende wissenschaftliche Erfolge erzielt. Mit Hahn entdeckte sie unter anderem mehrere radioaktive Isotope und neue Elemente; sie erforschte die Alpha-, Beta- und Gammastrahlung, und ihre Veröffentlichungen und Vorträge stießen auf internationales Interesse. Auch in Stockholm unterrichtete Hahn Lise Meitner über seine Forschungen am Berliner Institut, hielt sie brieflich über seine Versuche auf dem Laufenden und bat sie nicht gerade uneigennützig um ihre Beurteilungen. Als Hahn und sein Mitstreiter Fritz Straßmann Ende 1938 experimentell den Zerfall eines schweren Urankerns in leichte Elemente feststellten, bedurfte es der Hilfe aus Stockholm. Meitner errechnete mit ihrem Neffen, dem Physiker Otto Robert Frisch, die frei werdende Energie, und ihr gelang nichts weniger als die physikalisch-theoretische Formulierung der Kernspaltung. Den Nobelpreis dafür erhielt 1945 Otto Hahn.

Trotz vielfacher später Ehrungen ist den Leistungen Lise Meitners bis heute zu wenig Gerechtigkeit widerfahren: Sie war die treibende Kraft bei Entdeckungen, hat zielgerichtet motiviert und mit scharfem Verstand Anregungen zu Versuchen gegeben, neue Methoden entwickelt, durch präziseste Berechnungen, durch hochkonzentrierte, systematische Vorarbeiten das Wesen nicht nur der Radioaktivität und Kernspaltung sichtbar gemacht. Der bescheidene Lohn spiegelt sich in ihrem Fazit: Das Leben müsse nicht leicht sein, wenn es nur inhaltsreich sei, und die Physik habe ihr eine wunderbare Welt eröffnet.

Lena Christ

1881–1920 Schriftstellerin

In ihren glücklichsten Jahren unterhielt die Schriftstellerin Lena Christ in einem der nobelsten Münchner Viertel eine Art Miniatur-Bauernhof: In einem Landhäuschen in der Kuglmüllerstraße in Gern grunzten im Keller fünf Schweine, durch den Garten sprangen zwei Geißen inklusive Zicklein, dazu diverse Kaninchen, Enten, Hühner und eine Gans, die »Hilekilegans«, die jeden Morgen ins Bett der Hausherrin durfte. Das ungewöhnliche Idyll währte vom Spätherbst 1916 bis zum Herbst 1917; es wurde zum Mekka für kriegsbedingt hungrige Literaten- und Künstlerfreunde, war aber keineswegs nur ins Leben gerufen worden, um angesichts der angespannten Ernährungslage auf eigene Vorräte zurückgreifen zu können. Obwohl Christ bereits mit sieben Jahren nach München gekommen war, vermittelte ihr das Landleben ein Gefühl von Geborgenheit, wie es ihr die Stadt nicht geben konnte. Denn während das unehelich geborene Mädchen aus einfachsten Verhältnissen im Hause ihres geliebten Großvaters in Glonn glückliche Kindertage verlebte, bedeutete die Übersiedelung in die Stadt, wo ihre Mutter inzwischen einen Gastwirt geheiratet hatte, seelische und körperliche Pein: Die Siebenjährige musste in der Wirtschaft in der Sandstraße kräftig mit anpacken und wurde von der Mutter kontinuierlich gedemütigt und geschlagen. Erst 1898, mit siebzehn, wagte sie einen Ausbruchsversuch – sie wollte in ein Kloster eintreten. Eineinhalb Jahre später war sie wieder zu Hause: Die Maßregelungen der Nonnen erschienen ihr noch einengender als die unbarmherzige Hand der Mutter. 1901 heiratete sie einen alkoholkranken Buchhalter; acht Jahre blieb sie bei ihm, körperlicher und sexueller Misshandlungen zum Trotz, und brachte drei Kinder auf die Welt. 1909 schließlich fasste sie den Mut zur Trennung. Da hatte ihr Mann bereits ihre komplette Mitgift verspekuliert; Christ stand mit ihren drei Kindern völlig mittellos da. Um wenigstens eine Unterkunft zu haben, entschied sie sich, eine Neubauwohnung in Haidhausen, in der noch das Wasser von den Wänden lief, »trockenzuwohnen«. Bald war die Gesundheit von Mutter und Kindern durch Hunger, Kälte und Feuchtigkeit ruiniert; Christ war am Tiefpunkt ihres Lebens angelangt. »Oft war die Versuchung in mir aufgestiegen, dem Leben ein Ende zu machen; oft hatte ich am Abend den Hahn der Gasleitung zwischen den Fingern, doch die Hoffnung auf eine bessere Zukunft ließ mich das nicht vollbringen, was die Verzweiflung mir eingab.«

Mehr als eine schöne Handschrift hatte Christ allerdings bisher nicht vorzuweisen gehabt, um darauf eine Zukunft zu bauen; von ihrem literarischen Talent ahnte sie nichts. Erst einmal schalteten sich die Behörden ein, lieferten die schwer kranke Lena Christ in ein Krankenhaus ein und brachten die Kinder in ein Kloster. Bis 1911 ist nicht bekannt, wo Christ wohnte oder womit sie Geld verdiente; dann, im Spätwinter dieses Jahres, bekam sie eine Anstellung als Diktatschreiberin bei dem Schriftsteller

Peter Jerusalem, der sich nach 1933 Benedix nannte. Er ließ sich die Geschichte ihres Lebens erzählen und war von ihren lebendigen, von jedem Selbstmitleid freien Schilderungen so beeindruckt, dass er sie aufforderte, ihre Erlebnisse niederzuschreiben; als Anregung drückte er ihr Gottfried Kellers »Grünen Heinrich« und einige Bücher von Jeremias Gotthelf in die Hand. Christ las – und schrieb; bald lebte sie mit Jerusalem zusammen und arbeitete konsequent an ihrem ersten Buch. Durch Vermittlung von Ludwig Thoma konnte sie ihr Manuskript bei *dem* Münchner Verlagshaus überhaupt präsentieren, dem Albert Langen Verlag. Die »Erinnerungen einer Überflüssigen« erschienen Anfang September, wenige Tage zuvor hatte Lena Christ Peter Jerusalem geheiratet.

Von nun an waren die Aufgaben klar verteilt: Benedix, der sich als echter Bohemien verstand und sich von regelmäßiger Berufstätigkeit in seiner Freiheit eingeengt fühlte, überließ das Geldverdienen seiner Frau: Die machte sich rasch einen Namen – die »Erinnerungen einer Überflüssigen« verkauften sich gut; die an Ludwig Thomas »Lausbubeng'schichten« angelehnten »Lausdearndl-G'schichten« (1913) wurden zwar verrissen, sorgten aber, wegen der Anklänge an Thoma, für einen handfesten Skandal, der ihren Namen noch bekannter machte. 1914 erschien, als Hommage an ihren geliebten Großvater, »Matthias Bichler« und ein Buch, das heute kaum noch geläufig ist, ihr damals aber ungeheure Popularität bescherte: »Unser Bayern anno 14«, veröffentlicht kurz nach dem Ausbruch des Ersten Weltkriegs. Es enthielt Berichte über das Militärleben aus der Sicht der gemeinen Soldaten. Zwei weitere Bände folgten; 1916 wurde sie sogar von König

Ludwig III. empfangen, der sehr berührt war von der schlichten, geraden Art dieser Frau, die schrieb, wie sie dachte. Im gleichen Jahr erschien der Roman »Rumplhanni«, drei Jahre später »Madame Bäuerin«. Doch da war die kurze Zeit des Glücks im Leben Lena Christs schon wieder verstrichen. Peter Jerusalem war eingezogen worden; die ohnehin depressive Lena Christ litt unter seiner Abwesenheit. Auf einem Heimaturlaub 1918 bat Jerusalem einen jungen, fröhlichen Sänger namens Ludwig Schmidt – sein Künstlername lautete Lodovico Fabbri –, sich um seine schwermütige Frau zu kümmern. Eine Bitte, die ungeahnte Folgen hatte: Christ verliebte sich so heftig in den Schürzenjäger, dass sie sich von ihrem Mann trennte. Da ein Gutteil der Einkünfte aus ihren Büchern an Jerusalem floss, stand Lena Christ 1920 vor dem finanziellen Nichts. Um an Geld zu kommen und den jungen Geliebten halten zu können, imitierte sie die Unterschriften bedeutender Künstler und setzte sie unter billigstes Gepinsel. Die Kunstfälschungen waren so ungeschickt, dass sie bald aufflogen. Doch die Kraft, auch noch diese Krise zu meistern, hatte Lena Christ nicht mehr: Um der Schande eines Gerichtsverfahrens zu entgehen, nahm die verzweifelte 38-Jährige am 30. Juni auf dem Münchner Waldfriedhof Zyankali.

Marion Dönhoff

1909–2002 Publizistin

Das stattliche fünfstöckige Pressehaus am Speersort, in das 1946 die Redaktion der neu gegründeten *Zeit* einzog, war nur noch eine Ruine. Die Handvoll Journalisten, die sich dort im Dachgeschoss einquartiert hatte, arbeitete unter widrigsten Bedingungen: zwischen Trümmern in ungeheizten Räumen, mit Notbeleuchtung und einem Maskottchen, auf das die meisten von ihnen gern verzichtet hätten – einer zutraulichen Ratte. Vier kluge Köpfe hatten sich ein paar Monate zuvor zusammengetan und bei den Alliierten die Lizenz für die neue Zeitung beantragt – vier Männer, die unter der Naziherrschaft kein Parteibuch besaßen. Neben dem Verlagskaufmann Ewald Schmidt di Simoni, dem Architekten Richard Tüngel und dem Rechtsanwalt Gerd Bucerius, der die Zeitung später alleinverantwortlich übernahm, war auch der ehemalige Chefredakteur der *Woche* mit von der Partie: Lovis Hans Lorenz, jener Journalist, der als junger Bohemien in den Zwanzigerjahren schon den Tanzauftritten Lavinia Schulz' beigewohnt hatte und sich nun um das Feuilleton der Zeitung kümmern sollte. Auf der Suche nach Verstärkung bekam das Gründerquartett ein kritisches »Memorandum« zugespielt, das die Alliiertenpolitik der »Umerziehung« partiell hinterfragte. Adressiert war es an die britische Militärregierung, verfasst von einer adligen Volkswirtin aus Ostpreußen. Die Briten waren wenig amüsiert und reagierten nicht, umso begeisterter aber fiel die Aufnahme bei den *Zeit*-Verantwortlichen aus, die der Verfasserin umgehend telegrafierten, sie möge doch nach Hamburg kommen und bei ihnen anfangen.

Aus dem westfälischen Brunkensen machte sich Marion Dönhoff, die Autorin des Schriftstücks, auf den Weg. Im offenen Kohlewagen und auf Bauernfuhrwerken, teilweise auch zu Fuß, legte sie die Strecke nach Hamburg zurück. Im Presse-Haus am Speersort angekommen, irrte sie sich in der Etage und landete in der Gründungsredaktion der *Welt*, die im selben Gebäude untergebracht war. Auch die *Welt* hätte die »Gräfin«, wie sie bald von allen genannt wurde, mit Kusshand eingestellt und bedauerte, dass ihr Besuch nur auf einem Versehen beruhte. Für 600 Mark Anfangsgehalt fing sie schließlich – ein Stockwerk höher – bei der *Zeit* an. Als Journalistin war Marion Dönhoff bis dahin ein unbeschriebenes Blatt, doch ihre beachtliche Vita und die glänzenden Beziehungen, die sie als Sprössling eines preußischen Adelsgeschlechts besaß, prädestinierten sie für die neue Arbeit: »Sie beherrschte die westlichen Sprachen, sie bewegte sich wie selbstverständlich in einem internationalen Netz von Beziehungen zu wichtigen Leuten aus Diplomatie und Presse, Universität und Kirche, auch zu Bankiers, Kaufleuten, Militärs, Künstlern. Beziehungen, die sich für die *Zeit* würden nutzen lassen«, erkannten die Gründer der Zeitung sehr schnell.

Mit Mitte dreißig reichte der Erfahrungsschatz Marion Dönhoffs, wie sie selbst manchmal sagte, bereits für ein ganzes Leben. Nach einem Autounfall in jungen Jahren, bei dem sie um ein Haar ertrunken wäre, nach ausgedehnten

Reisen durch die Vereinigten Staaten und durch Afrika, wo sie unter anderem – zum Erstaunen der einheimischen Massai-Jäger – einen Leoparden erlegt hatte, ging sie 1933 zur Promotion in die Schweiz. Zuvor war sie als junge Studentin in Frankfurt durch das Verteilen linker Flugblätter und das Entfernen antisemitischer Hetzplakate aufgefallen, was ihr schließlich die Bezeichnung »rote Gräfin« eintrug. Mit den Mitgliedern der bürgerlich-zivilen Widerstandsgruppe des *Kreisauer Kreises* war Marion Dönhoff eng befreundet und leistete Botengänge; nur knapp entging sie einer Verhaftung durch die Gestapo. Während der letzten Kriegsmonate war sie auf dem Rücken ihres Fuchswallachs Alarich aus Ostpreußen vor den russischen Truppen nach Westfalen geflohen. Sieben Wochen dauerte der Ritt, von dem ihr heute bekanntestes Buch »Namen, die keiner mehr nennt« handelt. – Eine echte Kämpfernatur war die zierliche Frau, die 1946 in Hamburg zu schreiben begann und im Laufe der folgenden Jahrzehnte zur bedeutendsten Publizistin der Stadt werden sollte.

»Wenn Carl Schmitt jemals in der ›Zeit‹ schreibt, bin ich nicht länger da.«
Anfang der Fünfzigerjahre über den wegen seiner NS-Vergangenheit umstrittenen Staatsrechtler und Philosophen

Für den Anfang bezog Marion Dönhoff ein kleines, ebenerdiges Zimmer im Haus des Hamburger CDU-Abgeordneten Erik Blumenfeld in der Warburgstraße nahe der Außenalster. Später folgte der Umzug ins »verwunschene Haus« am Blankeneser Pumpenkamp, das Gerd Bucerius gehörte und ihr später übereignet wurde. Dabei wäre das Engagement Marion Dönhoffs bei der *Zeit* beinahe frühzeitig beendet gewesen. Mitte 1954 verließ sie als Leiterin des politischen Ressorts infolge eines Streits mit ihrem Chefredakteur Richard Tüngel die Zeitung vorübergehend. Dieser hatte während ihres Urlaubs einen groß aufgemachten Artikel Carl Schmitts mit dem Titel *Im Vorraum der Macht* drucken lassen. Schmitt war als Staatsrechtler mit NS-Vergangenheit – als jemand, der vor 1945, so Marion Dönhoff, »den Geist des Nationalsozialismus gepredigt« und »die Sprachregelung der Presse gelenkt hat« – für die »Gräfin« untragbar. Sie kündigte postwendend, und auch das von Tüngel in Aussicht gestellte Angebot einer Korrespondentenstelle in London schlug sie entschieden aus: »Wenn ich nicht in Hamburg für die *Zeit* schreibe, tue ich es auch nicht in London.« An die Themse ging sie trotzdem und arbeitete dort für den *Observer*. Aber nur ein Jahr später holte Gerd Bucerius sie, nachdem er sich von Tüngel getrennt hatte, zurück und machte sie zur Politikchefin. – Damit bewies Bucerius äußerste Weitsicht: Zunächst als Ressortleiterin, ab 1968 als Chefredakteurin prägte Marion Dönhoff in den folgenden Jahren das liberale Image der *Zeit* wie niemand vor ihr; 1973 wurde sie Herausgeberin, die Auflagenhöhe verzehnfachte sich unter ihrer Leitung nahezu. Symptomatisch für den kompromisslosen Einsatz, wenn es um die Verteidigung demokratischer Prinzipien und freiheitlichen Denkens ging, war ihre Parteinahme für Rudolf Augstein nach dessen Verhaftung 1962 im Zuge der sogenannten *Spiegel*-Affäre: Als Konrad Adenauer die ebenfalls im Presse-Haus am Speersort untergebrachte, »landesverräterische« Redaktion Augsteins durchsuchen ließ, attackierte Marion Dönhoff den Bundeskanzler aufs Schärfste und bot dem *Spiegel* – damals wie heute der große Konkurrent der *Zeit* – Räumlichkeiten zum Weiterbetrieb des Magazins an; spätestens jetzt war Adenauer zum Lieblingsgegner Marion Dönhoffs geworden.

Auch die versöhnliche Ostpolitik, die sie bereits seit Beginn der Sechzigerjahre vertrat, brachte ihr über Jahrzehnte viele Anfeindungen aus konservativen Reihen. Eine Einladung Willy Brandts, zusammen mit Günter Grass, Henri Nannen und Siegfried Lenz nach Polen zur Unterzeichnung des Warschauer Vertrags zu reisen, lehnte sie nach langer Überlegung allerdings ab. So richtig ihr die Anerkennung der Oder-Neiße-Grenze auch erschien, dem Staatsakt zur Aufgabe ihrer Heimat wollte sie dennoch nicht beiwohnen. »Die Frau«, schreibt Marion Dönhoffs Biografin Alice Schwarzer dazu später, »die … so heftig für ihre kompromißbereite Ostpolitik angegriffen werden wird, ist gleichzeitig eine der wenigen nicht rachsüchtigen Deutschen, die neben der deutschen Schuld auch den deutschen Schmerz benennen.« 1971 erhielt Marion Dönhoff für ihr Bemühen um Versöhnung den Friedenspreis des Deutschen Buchhandels; Willy Brandt bescheinigte ihr eine zentrale Rolle bei der publizistischen Vermittlung seiner Ostpolitik, und Helmut Schmidt hätte sie gern als Bundespräsidentin gehabt. – Große Wertschätzung von höchster Seite! Da wollte irgendwann auch ihre Heimatstadt nicht länger zurückstehen: Fast 90 Jahre war Marion Dönhoff alt, als der damalige Bürgermeister Ortwin Runde sie wegen ihrer Verdienste um die Medienme-

»Denkt nicht nur an das eigene Leben, denn jeder von uns ist für das Ganze mitverantwortlich. Die Gesellschaft kann nicht besser sein als die Summe ihrer Bürger.«

Aus der Ansprache an die Abiturienten des Liceum, 2001

tropole Hamburg zur Ehrenbürgerin ernannte. Nach wie vor war sie für die *Zeit* aktiv und blieb bis zum Schluss deren Herausgeberin – noch immer rauschte sie in ihrem Porsche über die Elbchaussee zu den Konferenzen am Speersort. 2002 starb sie zweiundneunzigjährig. Bei der offiziellen Trauerfeier war der Hamburger Michel bis auf die letzte Bank gefüllt. Als Laudator war neben Bundespräsident Johannes Rau auch Rundes Nachfolger, Hamburgs Bürgermeister Ole von Beust, angetreten. – Marion Dönhoff, meinte von Beust, sei ein Glücksfall für Hamburg gewesen: »Sie hat unser Land, sie hat diesen Kontinent mitgestaltet. Und sie hat Hamburg aufs Beste repräsentiert.«

Keine Angst vor großen Auftritten

Marchesa Luisa Casati
Audrey Hepburn
Lavinia Schulz
Elsa Maxwell
Liz Taylor
Die Mitford Schwestern
Emilie Flöge
Lady Diana Cooper
Georgiana Cavendish
Ganna Walska

Marchesa Luisa Casati

1881–1957 High Society Lady

Die Gäste der italienischen Marchesa mussten im wahrsten Sinne des Wortes mit allem rechnen, wenn sie die Türschwelle zu einem ihrer legendären Domizile in Venedig, auf Capri oder in Paris überschritten. Luisa Casati war nicht nur berühmt für ihre bühnenreifen Auftritte in Roben aus Brokat, venezianischer Spitze, besetzt mit Federn und Diamanten, auf dem Kopf gern ein verrückter Hut oder eine toupierte rote Perücke – einmal stand sie auf Stelzen so hoch über der Erde, dass den Besuchern, die ihr nicht die Hand küssen konnten, nichts anderes übrig blieb, als lapidar zu rufen: »Hallo, Luisa! Va bene?« Die Marchesa hielt sich einen privaten Zoo mit exotischen Tieren, die den Damen und Herren der höheren Gesellschaft Schauder über den Rücken jagen sollten: Schlangen und Reptilien gehörten zu den ausgemachten Lieblingen der extravaganten Gastgeberin, darunter auch eine zehn Meter lange Boa constrictor, die sie nach dem griechischen Philosophen Anaxagarus getauft hatte. Kreischende Affen tummelten sich in den Gehegen ihrer Gärten genauso wie Geparden, Tiger, Pfauen und Albinoamseln, deren Gefieder sie zu bestimmten Anlässen oder nach Lust und Laune versilbern, vergolden und bunt einfärben ließ. Anlässlich einer ihrer berühmten Soireen, zu denen Luisa Casati Ende der Zwanzigerjahre in ihren

Palais Rose bei Paris einlud, beschaffte sie sich zwei bengalische Tiger, die sich bei der Ankunft ihrer Gäste zu ihren Füßen räkelten. Nur wer es schaffte, die Gastgeberin standesgemäß zu begrüßen, hatte die Mutprobe bestanden! Für den Notfall verbarg sich in einer Ecke der Eingangshalle ein Dompteur, der die Tiger zu bändigen wusste.

Auf das Angenehmste überrascht von den oft sehr freizügigen Aufzügen der Marchesa waren vor allem ihre zahlreichen männlichen Besucher. Zur Begrüßung des russischen Prinzen Felix Yusupov hatte sich Luisa Casati in einem Gewand aus durchsichtigen Schleiern auf ein Tigerfell gelegt, während zu ihren Füßen ihre beiden Windhunde dösten. Sir Compton Mackenzie empfing sie dagegen, völlig nackt auf einem Bärenfell räkelnd. »›Mackenzie, wie schön, Sie zu sehen‹, sagte sie und streckte mir die Hand entgegen«, erinnerte sich der schottische Schriftsteller, »›ich muss mir nur schnell etwas überziehen – wir nehmen den Tee in der Pergola.‹«

Über drei Jahrzehnte hielt die 1881 in Mailand geborene Marchesa mit ihren extravaganten Auftritten und legendären Festen die Welt der High Society in Atem. Als jüngste Tochter des wohlhabenden Textilfabrikanten Alberto Amman war sie in Saus und Braus hineingeboren worden. Mit der Herstellung von Baumwolle hatte Amman Karriere gemacht und ein Vermögen erwirtschaftet. Neben den Fabrikgebäuden in Pordenone besaß die Familie ein nobles Stadtrefugium im Herzen von Mailand. Luisa und ihre ältere Schwester Francesca wuchsen jedoch in der von einem riesigen Park umgebenen Villa Amalia in den Hügeln von Erba in der Nähe des Comer Sees auf, in der die Ammans häufig Gäste empfingen. Wie alle Kinder ihres

Standes wurden die Schwestern von einem Stab von Gouvernanten unterrichtet und erzogen, während die Mutter Lucia ihre Töchter mit romantischen Erzählungen und französischen Modemagazinen verwöhnte. Im Jahr 1894 starb die Contessa, nur zwei Jahre später der Conte Amman, der ihr eine florierende Firma und so viele Immobilien und Wertpapiere hinterließ, dass die beiden Schwestern mit einem Schlag zu den reichsten Erbinnen Italiens zählten. Sie wurden in die Obhut ihres Onkels übergeben – bis Camillo Casati Stampa di Soncino auf die hochgewachsene Luisa mit den auffällig großen grünen Augen aufmerksam wurde. Im Jahr 1900 heiratete die Neunzehnjährige den Marchese aus einem der ältesten Adelsgeschlechter Mailands und hätte von nun an an seiner Seite ein beschauliches Leben führen können. Den Sommer verbrachte das Paar in den Schweizer Alpen, in den Winter- und Frühlingsmonaten vergnügten sie sich in der Villa Casati in Cinisello Balsamo oder in ihrem Mailänder Stadthaus in der Nähe des Doms, und zur Krönung des jungen Glücks wurde 1901 Töchterchen Cristina geboren. Die Rolle der sittsamen Gattin passte jedoch wenig zu Luisa Casatis rebellischem Charakter, der nun allmählich zum Vorschein kam und sich in halsbrecherischen Treibjagden zu Pferd und wilden Rasereien mit dem Auto äußerte. Unter dem Eindruck ihrer neuen Bekanntschaften entdeckte die Marchesa neue Vorlieben. Sie genoss den neuesten Klatsch, Gespräche über Kunst und Kultur, und sie beschäftigte sich leidenschaftlich mit Okkultismus, Zaubersprüchen, Telepathie und allem Mystischen.

»Ich möchte ein lebendiges Kunstwerk sein.«

Zur legendären Stilikone und Gastgeberin berühmter Feste wurde Luisa Casati jedoch erst, als sie dem italienischen Schriftsteller Gabriele D'Annunzio begegnete. Der kleinwüchsige Bonvivant mit dem kahlen Schädel hatte sich auf einem Jagdausflug in die sportlich elegante Erscheinung verliebt und setzte nun alles daran, sie für sich zu gewinnen. »Meine Pläne, ihr nahezukommen, waren wohldurchdacht«, erinnerte sich D'Annunzio später. Seine körperlichen Unzulänglichkeiten machte er erfolgreich durch Charme und kultiviertes Werben wett. Casati, die gelangweilt war von den Pflichten ihres Ehelebens, war begeistert von seiner Fantasie und seiner Selbstsicherheit, mit der er sich über alle gesellschaftlichen Konventionen hinwegsetzte, und sie begann eine stürmische Liebesaffäre mit dem 20 Jahre älteren Dichter. In ihren Kreisen waren außereheliche Liebeleien nichts Ungewöhnliches. Ihr Gatte hätte jedoch sicher entschiedener eingegriffen, wenn er geahnt hätte, zu welchen Exzessen der Dichter die bis dahin eher schüchtern auftretende Textilerbin inspirieren würde. D'Annunzio beflügelte die Kreativität der Marchesa, die sich nun unbedingt als Künstlerin betätigen wollte. Da es ihr jedoch bedauerlicherweise an einem speziellen Talent für eine bestimmte Kunstrichtung mangelte, stilisierte sie sich selbst zum Kunstwerk und begann mit der radikalen Umgestaltung ihrer äußeren Erscheinung. Ihre Augen umrandete sie effektvoll mit schwarzem Kajal wie die von ihr seit ihrer Jugend verehrte Frauenrechtlerin und Intellektuelle Principessa di Belgiojoso. Ein heller Puder verlieh ihr eine leichenhafte Blässe, und ihr braunes Haar färbte sie feuerrot nach dem Vorbild von Sarah Bernhardt. In Fragen der Mode vertraute sie nur noch ihren eigenen Inspirationen. Die Kreationen von Charles Frederick Worth, der die Damen des europäischen Hochadels ausstattete, waren zwar exklusiv, aber nicht exzentrisch genug für ihre Selbstdarstellung. Mit Vorliebe trug Luisa Casati Kleider aus venezianischer Spitze und Fortuny-Stoffen mit Ballonärmeln und langen Schleppen und betonte ihre schlanke Taille mit juwelengeschmückten Gürteln. Kostümbälle, zu Anfang des 20. Jahrhunderts der letzte Schrei in der höheren Gesellschaft, wurden zu ihrer neuen Leidenschaft. Im Jahr 1905 erschien sie in Rom an vier aufeinanderfolgenden Abenden in vier verschiedenen spektakulären Kleidern. Auf dem Pro-Infantia-Ball im Grand Hotel schlüpfte sie in die Rolle einer byzantinischen Kaiserin, am folgenden Abend beeindruckte sie mit einem Kleid aus weißer Spitze, einen Tag später ließ sie sich für den Baby Ball von den Illustrationen der Kinderbuchautorin Kate Greenaway inspirieren. In einem goldbestickten Kostüm sorgte sie am vierten Abend auf dem Hofball für Furore, zu dem das italienische Königspaar eingeladen hatte.

Ihre eigenen Kostümfeste sollten alles in den Schatten stellen, was es bisher gegeben hatte. Das neu erbaute Domizil der Casatis in Rom bildete vorerst den adäquaten Rahmen für Diners und Soireen. Neben Vertretern des italienischen Hochadels zählten zu Luisa Casatis Gästen immer öfter Künstler: der Pianist Arthur Rubinstein, die futuristischen Maler Alberto Martini und Filippo Tommaso Marinetti, Pablo Picasso, der Leiter des Ballets Russes, Sergej Diaghilew, sowie Giovanni Boldini, der die Marchesa mit zwei spektakulären Porträts verewigte. Die exquisite Einrichtung der modernen Villa in der Via Piemonte verschlug nicht nur den Kunstkennern den Atem. Venezianische Spiegel, Terrakottamedaillons und Reliefs aus Alabaster schmückten die Wände. Ebenholzböden, Samtvorhänge, Möbel mit Intarsien und Eisbärfelle komplettierten die kostbare Innenausstattung. Zur internationalen Legende wurde die Herzogin mit ihrem Umzug nach Venedig. Schon ihr erster Auftritt in der Lagunenstadt ging in die Annalen der Stadtgeschichte ein: Umhüllt von einem Cape aus rotem Brokat aus dem Textilatelier von Mariano Fortuny und eine schwarze Pelzmütze auf dem Kopf tragend, spazierte sie über die Piazza San Marco, gefolgt von ihrem schwarzen Diener Garbi, der einen Sonnenschirm aus Pfauenfedern über ihr schwenkte. Die Marchesa hatte den Palazzo Venier dei Leoni am Canal Grande gemietet und verwandelte das Innere des außen halb verfallenen Gebäudes in eine märchenhafte Kulisse wie aus Tausendundeiner Nacht. Vorhänge aus goldener Spitze vor den Fenstern schützten die Herzogin vor neugierigen Blicken. Murano-Lüster tauchten die exquisite Ausstattung in ein warmes Licht. Die Gäste ihrer penibel geplanten Abendveranstaltungen wurden nicht nur von brennenden Fackeln und weißen Pfauen auf den Fenstersimsen willkommen geheißen. »[Casati] stand auf der Treppe zu ihrem Palazzo ... mit einem Leoparden an jeder Seite ... Die Raubkatzen schnappten nach den ankommenden Gästen, und zwei als nubische Sklaven verkleidete Diener, die man mit Gold überzogen hatte, überlebten den exotischen Empfang nur mit knapper Not«, erinnerte sich der Bühnenbildner Oliver Messel an seine erste Begegnung mit »La Casati«, wie man sie in Venedig getauft hatte.

Die unglaublichsten Anekdoten kursierten über ihre Eskapaden. An einem Sommerabend soll sie sich schreiend – »Ich ersticke!« – mit einem Fleischmesser ihr Kleid vom Hals bis zum Saum aufgeschlitzt haben. Und Gäste, die sich nicht nach ihren Vorstellungen verhielten, wurden von ihren treuen Bediensteten kurzerhand vor die Tür des Palastes gesetzt, wie jener junge britische Adlige, der auf einem Ball der Marchesa eine britische Lady als die schönste Frau der Welt lobte und nicht mit der rasenden Eifersucht seiner Gastgeberin gerechnet hatte. Innerhalb von zehn Wochen veranstaltete Luisa Casati zehn kostümierte Wasserprozessionen und drei Maskenbälle in Venedig. Kein Preis war ihr zu hoch, um ihre Träume als perfekte Gastgeberin zu verwirklichen. Zu den spektakulärsten Festen in ihrer Karriere als Königin der High Society gehörte zweifellos der Grande Ballo di Pietro Longhi, den sie auf der Piazza San Marco ausrichtete. Für die im Stile des 18. Jahrhunderts kostümierten Gäste aus ganz Europa erleuchteten 200 schwarze Diener in weißen Perücken und roten Frackmänteln mit Kandelabern den Weg zu den auf der Piazza verteilten Tischen in der Nähe des berühmten Caffè Florian. Der Bürgermeister und der Polizeipräfekt hätten der Veranstaltung aus politischen Gründen zugestimmt, munkelte man. Angeblich nutzte die italienische Regierung die Bälle der Casati, um geheime diplomatische Zusammenkünfte zwischen Botschaftern und Attachés zu ermöglichen.

»Sie war eine Erscheinung aus ›Tausendundeiner Nacht‹, doch seltsamerweise wirkte sie nie gekünstelt. Diese fantastische Aufmachung passte zu ihr. Sie war so anders als andere Frauen, dass gewöhnliche Kleider für sie unmöglich waren.«
Catherine Barjansky

In den Sommermonaten setzte die Herzogin ihren ausschweifenden Lebensstil auf Capri fort. Viele Künstler und betuchte Homosexuelle genossen in den Zwanzigerjahren auf dieser märchenhaft schönen Insel das milde Klima des Mittelmeeres. Luisa Casati hatte sich in die imposant auf einem Felsen gelegene Villa San Michele des schwedischen Arztes Axel Munthe eingemietet, der jahrelang vergeblich versuchte, seine exaltierte Langzeitmieterin mit den absonderlichen Gewohnheiten wieder loszuwerden: »... mein Verlangen danach, sie bei ihrer roten Perücke zu packen, zu skalpieren und ihren degenerierten Kadaver über die Klippen zu schleudern, ist stärker denn je«, machte er sich bei Freunden über seinen Unmut Luft. Die Herzogin frönte indessen unbeeindruckt ihren Leidenschaften. Gerüchten zufolge zelebrierte sie schwarze Messen und schlief in einem Sarg. Ihre Feste waren mit magischen Spielereien angereichert: Auf Knopfdruck bogen sich die im Garten wachsenden Palmen im Wind, den in der Loggia verborgene Ventilatoren erzeugten. In den Salons der Schönen und Reichen wurde zu Beginn der Zwanzigerjahre mit allerlei Rauschmitteln herumexperimentiert – Kokainpulver, Morphiuminjektionen, Opiumpfeifen –, und man kann sich gut vorstellen, dass auch die Herzogin dieser Art von Zerstreuung nicht abgeneigt gewesen sein könnte. Mittlerweile war Luisa Casati zu einer bedeutenden Mäzenin für Modemacher und Maler avanciert. Zu ihrer Zeit wurde sie als »meistgemalte Frau Italiens« gefeiert. Boldini, Kees van Dongen, der Kostümbildner Léon Bakst, Augustus John, die Futuristen Fortunato Depero, Giacomo Balla, Alberto Martini, Federico Beltrán Masses und auch Romaine Brooks schufen Porträts von ihr und mühten sich ab, ihre schillernde Persönlichkeit auf die Leinwand zu bannen.

Der Niedergang der Marchesa und ihres luxuriösen Lebenswandels setzte schleichend ein. Nach dem Ersten Weltkrieg wurden weniger prunkvolle Bälle und festliche Dinner veranstaltet. Die alternde Grande Dame unternahm zwar einige letzte verzweifelte Versuche, in ihrem Palais de Rose bei Paris die alten Zeiten wiederaufleben zu lassen. Mittlerweile war das Vermögen der Herzogin jedoch erheblich geschrumpft. Ihre Anwälte drängten darauf, sich von ihren Residenzen in Monza, Mailand und Rom zu trennen, um ihre horrend hohen Rechnungen für vergangene Feste und Kostümanfertigungen begleichen zu können. Mit 50 Jahren war Luisa Casati eine hoch verschuldete Frau. Ende der Dreißigerjahre siedelte sie schließlich nach London über, wo sie während des Zweiten Weltkrieges und auch später auf die finanzielle Hilfe von treuen Gefährten aus ihrer glamourösen Vergangenheit und ihrer Enkelin bauen konnte. Am Ende ihrer Tage bewohnte sie ein einziges Zimmer in Beaufort Gardens 32. Doch selbst unter diesen eingeschränkten Bedingungen bewahrte sie ihre Lebenslust. Ihre Freunde bewirtete sie mit Dosenmahlzeiten. Und wenn sie wider Erwarten zu Geld gekommen war, rief sie diese an und fragte euphorisch: »Kaufen wir uns eine Flasche billigen Wein oder leisten wir uns ein Taxi?«

Audrey Hepburn

1929–1993 Schauspielerin

Audrey Hepburn prägte mit ihrem ganz eigenen Stil nicht nur den Film, sondern auch die Mode. Ihr schwarzes Kleid, die Sonnenbrille und das hochgesteckte Haar, mit dem sie in »Frühstück bei Tiffany« ihr Publikum verzauberte, machten sie zu einer Ikone. Eigentlich hatte sie Tänzerin werden wollen, weil sie aber während des Krieges so hungern musste, waren ihre Knochen dafür nicht stark genug. Stattdessen wurde sie von Hollywood entdeckt und gewann für die Rolle der Prinzessin in »Ein Herz und eine Krone« den begehrten Oscar. Audrey Hepburn war der weibliche Gegenentwurf zu Marylin Monroe. Weder blond, kurvig, vollbusig und naiv, verzauberte sie als zartes, knabenhaftes, dunkelhaariges, kluges und ewig junges Mädchen. Ob als Eliza in »My Fair Lady«, als süße »Gigi« in Colettes gleichnamigem Roman, als Ordensschwester in »Geschichte einer Nonne« oder an der Seite von Gregory Peck und Gary Cooper – ihr Publikum verehrte und imitierte sie, und sie wurde zur Modeikone wie zum glamourösen Filmstar. In ihren letzten Lebensjahren reiste sie als UNICEF-Botschafterin um die Welt und engagierte sich für Not leidende Menschen. Sie hatte selbst zu viel Hunger erlebt, um vergessen zu können, wie sich es sich anfühlte, nichts zum Essen zu haben.

Lavinia Schulz

1896–1924 Tänzerin

Zwei Gongschläge schufen Stille; das Orchester setzte ein. Mitten auf der Bühne stand, die Glieder gespreizt, eine zunächst regungslose Gestalt. Kopf, Rumpf und Gliedmaßen in aneinandergereihten bunten Kuben verborgen. Ein bizarres Bauwerk aus bunten Pappschachteln. Nur das Glitzern des Scheinwerferlichts verriet, daß darunter ein Mensch angestrengt atmete.« Gebannt verfolgte der junge Schriftsteller und Publizist Lovis Hans Lorenz im gut gefüllten Saal der Hamburger Kammerspiele die bizarre nächtliche Performance, die sich vor ihm auf der Bühne abspielte. Lavinia Schulz und Walter Holdt, die beiden unvergleichlichen Tänzer, bewegten sich in ihren schweren, futuristischen Ganzkörpermasken aus verschiedensten Materialien wie Sackleinen, Metall, Sperrholz, Pappe, Draht und Wolle so leichtfüßig wie möglich. »Toboggan«, »Springvieh«, »Bertchen« und »Skirnir« waren die Namen der klangsprechenden Wesen, die dort zu den atonalen Kompositionen des Musikers Hans Heinz Stuckenschmidt umhersprangen: Symbiosen aus Insekten und Robotern, eindrucksvoll dargestellt von Hamburgs populärstem Tanzpaar jener Zeit. Nicht erst die »Nachtvorstellung« in den Kammerspielen machte es stadtbekannt, schon sein erster Auftritt auf dem Künstlerfest »Die Götzenpauke« wurde zum gefeierten Event.

Lavinia Schulz war, was die Entwicklung und Realisation von Ideen betraf, die treibende Kraft der beiden. Entdeckt wurde sie vom Schriftsteller und Dramaturgen Lothar Schreyer an der Berliner Sturm-Bühne. In einer dadaistischen Inszenierung von August Stramms Stück »Sancta Susanna« spielte sie 1918 als Debütantin gleich die Titelrolle. Es gab nur eine einzige Aufführung, an deren Ende das Publikum in seinem Urteil vollends gespalten war. »Lavinia Schulz«, entsinnt sich Schreyer, »eine geniale Person mit wilder Leidenschaft, nur von der Zucht der Kunst gebändigt, spielte – nackt – die Sancta Susanna, unter atemlosem Verharren – vielleicht Entsetzen – der Zuschauer, die nach dem Ende des Spiels in frenetischem Beifall und wüsten Protesten das Kampfschauspiel zweier Welten boten«. Die Veranstaltung endete mit Tumulten, Prügeleien und dem Eingreifen der Polizei. Auch bei der Presse fiel sie erwartungsgemäß durch, Schauspiel- und Gesangsleistung wurden verrissen. Schreyer ging darauf nach Hamburg, wo er bereits als Dramaturg am Schauspielhaus tätig war, und gründete nach Berliner Vorbild die Kampfbühne; Lavinia Schulz folgte ihm. An der Kunstgewerbeschule am Lerchenfeld, wo man probte und aufführte, lernte sie den zwei Jahre jüngeren Walter Holdt kennen, der bald zum neu gegründeten Ensemble stieß. Eine folgenreiche Begegnung: Die *Amour fou,* in die sich beide stürzten, führte nicht selten zu heftigen Auseinandersetzungen während der Proben; sie ging sogar einmal so weit, dass Lavinia von Holdt an den Haaren quer durch den Schulsaal gezogen wurde. – So wollte Schreyer den Begriff »Kampfbühne« nicht verstanden wissen, und da sämtliche Schlichtungsversuche erfolglos blieben und zudem unterschiedliche bühnenprogrammatische Vorstellungen bestanden, trennte er sich letztendlich von beiden. Das Engagement am Lerchenfeld endete, ehe es richtig begonnen hatte.

Eine enge Kellerwohnung, in der neben Lavinia Schulz und Walter Holdt übergangsweise auch ihr Freund Hans Heinz Stuckenschmidt wohnte, war Proberaum, Schlafplatz und Werkstatt zugleich. Tagsüber wurde an den Vollmasken gearbeitet, geprobt, entworfen und geschrieben; Lavinia Schulz' expressionistische Tanzschrift »Vier Sätze der Toten Frau« entstand. Die Nächte verbrachte man in Hängematten unter Pferdedecken oder nebenan im Café HaKa – damals das Szenelokal der Hamburger Bohème. Hier scharten sich die Schauspieler der Kammerspiele um ihren Star Gustaf Gründgens, hier trafen sich Dichter, Maler, Bildhauer, Tänzer, Musiker – alles, was in der Hamburger Kulturszene der Zwanzigerjahre einen Namen hatte oder haben wollte. Ihren ersten großen Auftritt bekamen Schulz und Holdt 1921 im Curiohaus auf dem legendärsten aller Hamburger Künstlerfeste, besagter »Götzenpauke«: Drei Tage lang bot sich dort allen Beteiligten ein sagenhaftes Szenario. Durch die von Hamburger Sezessionisten geschmückten Säle, zwischen den meterhohen Götzenfiguren des Bildhauers Richard Luksch, wogte eine ekstatische, wild kostümierte Menschenmenge in Richtung Bühne. Neben »Lawinia« Schulz und »Hold Omm« (Holdts Künstlername) tanzten dort die Schwestern Gertrud und Ursula Falke ihre Dada-Inszenierung »Götzenbumbum«, die Ausdruckstänzerinnen Mary Wigman und Elsbeth Baack und die Puppenspielerin Cläre Popp waren dabei, die Schriftsteller Hans W. Fischer und Hans Harbeck lieferten Textbeiträge. Die »Götzenpauke«

war erst der Anfang, auch auf den folgenden Künstlerfesten »Der Himmlische Kreisel« und »Cubicuria. Die seltsame Stadt« trat das Maskentänzerpaar auf. Der mitternächtlichen Vorstellung in den Kammerspielen zusammen mit Elsbeth Baack, die das Bühnenprogramm während der Umkleidepausen bestritt, folgten bald Aufführungen zur Primetime – in den gut besuchten Revuen des literarischen Kabaretts Die Jungfrau am Jungfernstieg.

Mit den öffentlichen Auftritten kam die Publizität. Anlässlich eines Soloabends des Paares Ende 1921 im Hamburger Museum für Kunst und Gewerbe schrieb Karl Lorenz in *Die Rote Erde*: »Tanz, Tongestaltung und Maske. Das ist ein Drei-Klang, ein Drei-Gebet. Die Lösung dieser Aufgabe wird sicher von großer Bedeutung sein für die deutsche Sprach-, Tanz-, Theaterkultur. Wo sind die Menschen, die weitsehend genug sind und diese beiden Menschen stützen?!« An Öffentlichkeit war Lavinia allerdings bloß insofern interessiert, als dass sie ihren Maskentanz dort als »reine Kunst des Geistes« wahrgenommen wissen wollte. Materielles war ihr nicht nur egal, sondern sogar zuwider. Sie lehnte es ab, gegen Gage aufzutreten, und das bisschen, das sie schlechten Gewissens einstrich, sollte allein in die Fertigung der Masken fließen: »Wir bitten diejenigen unter Ihnen, die ebenfalls wie wir das Verkaufen von Geistigem an das Geld für Todsünde ansehen, uns diesen Kompromiß nicht übelzunehmen«, notiert sie 1921 anlässlich eines bevorstehenden Auftritts. Entsprechend spartanisch ging es in der Kellerwohnung zu. Das Paar heizte schlecht oder gar nicht, ernährte sich hauptsächlich von Gemüsesuppe und Tee und war häufig erkältet. Katastrophale Zustände, die sich seit 1923 durch eine Schwangerschaft Lavinia Schulz' und die damit einhergehende Arbeitsunfähigkeit verschlimmerten. Beim frisch gebackenen Vater scheint die Geburt des gemeinsamen Sohnes einen Mangel an Arbeitsdisziplin verursacht zu haben. Da sich die Energie seiner Frau – beide hatten heimlich geheiratet – auf das Kind fokussierte, war er nun allein für den Broterwerb zuständig. Holdt besaß dafür jedoch sehr viel weniger Sinn als für diverse ausschweifende Nächte im HaKa – die Tage verschlief er. Laut zeitgenössischen Presseberichten muss die junge Familie damals kurz vor dem Verhungern gewesen sein. Insofern war eine Ehekrise vorprogrammiert; ihre Heftigkeit überrascht dennoch: Am 18. Juni 1924 berichtet das *Hamburger Fremdenblatt*: »Heute morgen erschoß die 28jährige Ehefrau Lavinia Holdt ihren 25 Jahre alten Ehemann, den Artisten Walter Holdt. Kurz nach 7 Uhr morgens kam Frau Holdt in eine im Hptr. gelegene Wohnung und erklärte dort, sie habe ihren Mann erschossen. Dann ging Frau Holdt wieder in ihre im Parterre gelegene Wohnung und gleich darauf hörte man einen Schuß. Die herbeigerufene Polizei fand die Frau im Vorraum des Schlafzimmers mit einer Kopfschußverletzung noch lebend am Boden, während der Mann tot im Bett lag.«

Das Kind blieb unversehrt, aber Lavinia starb noch am selben Tag im Krankenhaus. Ihre Tanzmasken sind weltweit einmalig und gehören zu den bedeutendsten Zeugnissen des Expressionismus in Hamburg. Weit über ein halbes Jahrhundert lagerten sie unentdeckt in Transportkisten im Hamburger Museum für Kunst und Gewerbe. Nur einem glücklichen Zufall ist es zu verdanken, dass sie schließlich gefunden wurden und heute dort zu bewundern sind.

[redacted]

Elsa Maxwell

1883–1963 Eventmanagerin

Mit Superlativen beschreibt man die legendärste von allen Gastgeberinnen des 20. Jahrhunderts am allerbesten. Denn Elsa Maxwell hielt mit ihren Partys über 50 Jahre lang die High Society auf der ganzen Welt in Atem. Sie organisierte Feste in New York, Hollywood, London, Paris, Monte Carlo, Cannes, Biarritz, Venedig und Ägypten – und das zu einer Zeit, als man sich längst noch nicht in Blitzgeschwindigkeit im Privatjet von Kontinent zu Kontinent bewegte. In Schlössern, Ballsälen, privaten Wohnungen und in der Wüste unter freiem Himmel feierte sie mit ihren illustren Gästen. Alles, was Rang und Namen hatte, stand auf Elsas Einladungslisten: der gesamte europäische Hochadel, Könige und Königinnen, vier amerikanische Präsidenten von Roosevelt bis Kennedy, Hollywoodstars wie Marilyn Monroe und Clark Gable und die größten Musiker des 20. Jahrhunderts. Und wenn ein Herr oder eine Dame von Rang nicht ihren hohen Ansprüchen an Moral und Menschlichkeit genügte, wurde er oder sie ignoriert. So erging es König Faruk I. von Ägypten, Benito Mussolini und Adolf Hitler, den Maxwell 1931 bei einer Abendeinladung während der Wagner-Festspiele in Bayreuth kennengelernt hatte. »Ich hatte während des Essens einen sehr mürrischen und schweigsamen Nebenmann, der sich offenbar beleidigt fühlte, weil er nicht Mittelpunkt der Gesellschaft war«, erinnerte sich die Achtzigjährige an ihren wenig zuvorkommenden Tischnachbarn.

Bis auf wenige Ausnahmen lagen alle Menschen dieser Frau zu Füßen, die, wenn man es realistisch betrachtet, mit ihren eng stehenden dunklen Augen, den buschigen Augenbrauen, den schmalen Lippen und ihrer enormen Körperfülle nicht gerade als schön gelten durfte, aber mit ihrer Lebensfreude und ihrem natürlichen Witz einfach mitreißend wirkte. »Ich muss unter einem ganzen Schwarm guter Sterne geboren worden sein. Anders kann ich mir mein turbulentes, verrücktes und von vielen beneidetes Leben einfach nicht erklären«, resümiert sie in ihren Memoiren, die sie kurz vor ihrem Tod dem deutschen Journalisten Bernd Ruland in die Feder diktierte.

»Überrasche deine Gäste!«, lautet der vielleicht beste Rat der erfahrenen Partyqueen, die über 2.000 Feste feierte und rund 8.000 Essen ausrichtete. Was Maxwell damit meinte? Ganz einfach: Spiele, die sie sich ausdachte, um ihre Gäste aus der Reserve zu locken. Denn »Essen und Trinken machen noch lange keine gute Party«, wie vielleicht viele auch aus eigener Erfahrung wissen. So stellte Maxwell in den Dreißigerjahren auf einer kleinen Gesellschaft von illustren Hollywoodstars, zu der auch die vielleicht größten Herzensbrecher aller Zeiten, Clark Gable, Douglas Fairbanks, Gary Cooper und Cary Grant, gehörten, den anwesenden Herren die Aufgabe, mit einem einfachen Ballen Stoff auf den Körper eines Mannequins ein Kleid zu improvisieren. Dem Gewinner winkte eine goldene Armbanduhr. Zu den originellsten Mottopartys, die sich Maxwell im Laufe ihrer Karriere ausdachte, gehörte jedoch die »Mörderparty«, die sie bereits einige Jahre zuvor zur feierlichen Einweihung von Lady Ribblesdales neuem Domizil in St. James ausgerichtet hatte. Ihr Plan sah vor, während des Dinners den Mord an der jungen und hübschen Zita Youngman zu fingieren und dann den ahnungslosen Herzog von Marlborough von Schauspieler-Polizisten als Mörder zu entlarven, um damit die feine Partygesellschaft ordentlich an der Nase herumzuführen. Schon zwei Wochen vor dem Termin reiste Maxwell an und platzierte kryptische Liebesbotschaften in den Anzeigenteilen der Londoner Tageszeitungen, die sie mit M. unterzeichnete. Als dann die 60 Gäste in Abendgarderobe versammelt waren, klappte alles wie am Schnürchen. An der großen Festtafel blieb der Platz der jungen Zita Youngman leer. Als sie beim Dessert immer noch nicht aufgetaucht war, schlug die Hausherrin besorgt vor, doch einmal auf ihrem Zimmer nachzusehen. Blutüberströmt fand die illustre Runde das hübsche Mädchen auf seinem Bett. Die Aufregung war unbeschreiblich, als die drei als Polizisten verkleideten Schauspieler den Herzog von Marlborough als Mörder abführen wollten. Geschickt wie eine Taschendiebin, hatte Elsa Maxwell ihm während des Dinners zwei Zigaretten des angeblichen Opfers in sein Etui geschmuggelt, die nun als Beweisstücke fungierten. Wie vom Donner gerührt, sank der Beschuldigte in einen Sessel. Die äußerst gespannte Situation löste sich erst auf, als das Licht nach einem kurzen Stromausfall wieder aufflammte und die angeblich Tote quicklebendig der Partygesellschaft entgegentrat.

In die Geschichte des französischen Gesellschaftslebens ging auch die *fête champêtre* ein, die Maxwell 1931 im Auftrag von Baron Nicky de Gunzburg auf dessen Landsitz im Bois de Boulogne bei Paris organisierte. 400 als Bauern verkleidete Gäste gaben sich ein Stelldichein. Der französische Bühnen- und Kostümbildner Christian Bérard hatte das Anwesen mit Stoffen, Bildern und vielen bäuerlichen Accessoires in ein prachtvolles Bauernhaus verwandelt. Cole Porter komponierte ein Stück für das Fest, das von einem Orchester zum Auftakt des Abends gespielt wurde, und Serge Lifar, einer der größten Tanzstars und Choreografen der Dreißigerjahre, trat in einem goldenen Kostüm als Zeremonienmeister auf. Eine ganze Ausgabe widmete das französische Kunstmagazin *L'Illustration* der rauschenden Party, die ein Vermögen kostete. Dennoch bestand Elsa Maxwell immer auf ihrem Standpunkt: »Alles Geld der Welt macht keine gute Party. Du machst sie. Ich habe Feste gefeiert, als ich nur zwei Pennys hatte – verrückte, alberne Partys wie die, bei der eine Gruppe von Ministern wohl den größten Spaß ihres langweiligen Lebens hatten, als sie Federpusten spielten.« Elsa Maxwells Biografie ist voll von Anekdoten, die Stoff für eine Hollywoodkomödie böten.

> »Alles Geld der Welt macht keine gute Party ... Ich habe Feste gefeiert, als ich nur zwei Pennys hatte ...«

Einen Sinn für den großen Auftritt bewies sie schon, als sie in Keokuk in Iowa das Licht der Welt erblickte. Der einzige Spross eines Versicherungsmaklers wurde in einer Theaterloge geboren, während auf der Bühne die Oper »Mignon« aufgeführt wurde. Ihr Schrei sei »der einzig richtige Ton während der Vorstellung« gewesen, scherzte ihr Vater einmal, der sich neben seiner Büroarbeit abends als Musikkritiker betätigte. Schon als Kleinkind lernte das musisch begabte Mädchen Klavier spielen. »Meine Eltern feierten mich als Wunderkind, als ich mit vier Jahren Passagen aus Lohengrin spielte.« Nach dem Tod ihres Vaters verdiente Maxwell ihr erstes Geld als Pianistin in einem großen Kino in New York. Zu Stummfilmen spielte die Vierundzwanzigjährige zwölf Stunden pro Tag, was ihr gerade in den Sinn kam, und das Publikum war begeistert von ihren Improvisationen.

Den Wendepunkt in ihrem Leben markierte ihre Begegnung mit der Schauspielerin Marie Doro, die so begeistert war von Elsa Maxwells geselligem Wesen, dass sie sie als »guten Hausgeist« und musikalische Begleiterin auf ihren Reisen engagierte. Auf den unzähligen Partys, zu denen der umschwärmte Broadwaystar viele prominente Persönlichkeiten einlud, sorgte Maxwell mit ihrem Klavierspiel für ausgelassene Stimmung. Zwei Jahre später reiste sie als professionelle Klavierspielerin mit der Sängerin Dorothy Toye nach Südafrika und fand sich gleich an ihrem ersten Abend auf einer Party des Gouverneurs von Kapstadt wieder, wo sie mit dem General des Burenkrieges, Louis Botha, Wiener Walzer tanzte und auch von allen anderen Honoratioren der Stadt aufgrund ihres sprühenden Charmes herzlich aufgenommen wurde. Maxwell verkehrte von nun an ganz gezielt mit Millionären, Offizieren und Politikern. Zu ihren besten Freunden gehörten Sir Lionel, ein Goldminenmagnat aus England, und seine Gattin Florence, der sie dabei behilflich war, ihr Geld in Theater, Kunst, Musikfestivals und rauschende Feste zu investieren. »Ich war Berufsklavierspielerin. Jetzt wurde ich ein Mensch, der Jagd auf Berühmtheiten machte ...«

Erst nach eineinhalb Jahren führte sie ihr Weg wieder nach Europa. In London verdingte sich die talentierte

Musikerin erfolgreich als Komponistin. Fast 40 Stücke verfasste sie in ihrer Londoner Zeit. Für die amerikanische Varietésängerin Grace La Rue schrieb sie den Erfolgsschlager »Tango Dream«. Außerdem verfasste sie ein Kriegslied für England mit dem Titel »The British Volunteer«.

Während des Ersten Weltkrieges kehrte Maxwell zurück nach Amerika und machte sich in ihrer Heimat als Partyqueen unentbehrlich. Keine Veranstaltung in New York ohne die Stimmungskanone Elsa, keine Wohltätigkeitsveranstaltung, die sie nicht gemanagt hätte. Selbst der ehemalige Präsident Teddy Roosevelt verpflichtete Elsa Maxwell bei einigen Veranstaltungen als seine persönliche Assistentin.

Ihre Karriere als professionelle Partyorganisatorin im Dienste der internationalen High Society startete der »Gesellschaftselefant«, wie sie sich selbst gerne nannte, in den Zwanzigerjahren in Europa. Mit Unterstützung von Lady Colebrook richtete sie im Pariser Grand Hotel Ritz zu Ehren des englischen Ministers Arthur Balfour ihr erstes feierliches Dinner mit hochrangigen Gästen wie dem Großfürsten Alexander von Russland und Prince de Polignac aus, was so gut gelang, dass sie sich von da an vor Folgeaufträgen nicht mehr retten konnte. »Die Herde der prominenten Vergnügungssüchtigen lief mir mit großen Schritten nach«, erinnerte sie sich, »man hielt mich für eine wichtige Persönlichkeit und betrachtete mich als unentbehrliches Super-Faktotum für fröhliche Feste.« Ein besonders schönes Abendessen veranstaltete sie 1921 für Königin Marie von Rumänien am Strand des Lido in Venedig. Und wenn Maxwell nicht gerade eigene Feste organisierte, war sie ein willkommener Gast bei Soireen und Kostümfesten von Lady Colefax bis Cole Porter. Auf ein festes Einkommen war Maxwell nicht angewiesen, denn ihre beste Freundin Dorothy Fellowes-Gordon, zärtlich »Dickie« genannt, sorgte fast mütterlich für ihr Auskommen. Mit ihrer finanziellen Unterstützung gründete Maxwell gemeinsam mit dem Modeschöpfer Edward Molyneux sogar zwei Nachtclubs in Paris, zuerst das Acacia und später Le jardin de ma sœur. Beide Etablissements waren äußerst erfolgreich, mussten jedoch trotzdem schließen, da die Ausgaben für Bühnenstars und Dekoration die Einnahmen übertrafen. Josephine Baker startete ihre Karriere im »Garten meiner Schwester«. Maxwell liebte Jazzmusik und rühmte sich später oft, dass sie viele amerikanische Jazzhits durch ihr Klavierspiel in Europa erst populär gemacht habe. »Oft habe ich stundenlang eine One-Man-Show gegeben und wurde jedes Mal wie ein Star gefeiert.«

In den Dreißigerjahren war die pummelige Partyqueen so berühmt, dass ihr die großen Modehäuser Kleider stifteten und Fluggesellschaften sie kostenlos transportierten, da sie für positive Publicity sorgte. Sie verkehrte mit Künstlern wie dem Pianisten Arthur Rubinstein, dem Schriftsteller William Somerset Maugham, den Choreografen Diaghilew und Nijinsky, und sie stiftete so manche Romanze: Rita Hayworth lud sie zu einem Essen mit Prinz Ali Kahn ins Palm Beach Casino in Cannes ein, die Woolworth-Erbin Barbara Hutton schleppte sie mit zu einer Party, wo sie den Fürsten Prinz Alexis Mdivani kennenlernte, und sie stellte Maria Callas Aristoteles Onassis vor, auf dessen Jacht Maxwell oft als Ehrengast durch die Ägäis reiste. Der smarte Zeitungsmagnat William Randolph Hearst verpflichtete Maxwell 1940 für eine Gesellschaftskolumne, in der sie über all ihre berühmten Freunde schreiben durfte. Ihre Weisheiten als Gastgeberin fasste Maxwell kurzweilig und prägnant in ihrem Buch »How to Do It. The Lively Art of Entertaining« zusammen: die Einladung, die Gästeliste, den Einkauf, das Geschirr, die Menüfolge, die Beleuchtung, den Blumenschmuck, die Begrüßung und Verabschiedung. »Eine gute Party passiert nicht aus heiterem Himmel. Wenn ich einlade, dann plane ich jedes Detail im Voraus. Beginne deine Party mit einer Liste. Und vertraue nie deinem Erinnerungsvermögen«, rät Maxwell allen, die sich als Gastgeber versuchen wollen. Die von ihr aufgezählten Partykiller sind noch heute genauso aktuell wie vor über 50 Jahren: Zu viel Alkohol und Spott verderben die Stimmung. Maxwell erfand lieber lustige Spiele und berichtet in dem Kapitel »Analyzing Some Parties« von ihren erfolgreichsten Ideen. »Wichtig ist, dass sich eine Party aus einer lustigen und spritzigen Gesellschaft zusammensetzt, wie verrückt auch immer, es gibt dann viel weniger sinnloses Betrinken und stattdessen ein viel größeres Vergnügen für jeden.«

Als Elsa Maxwell 1963 starb, hinterließ sie kein Vermögen, obwohl sie mit den reichsten Menschen der Welt verkehrt hatte. Ihr Vermächtnis sind die vielen einzigartigen Erinnerungen, die sie als perfekte Gastgeberin ihren Gästen schenkte.

Liz Taylor

1932–2011 Schauspielerin

Sie drehte mehr als 50 Filme, erhielt drei Oscars, bekam die erste Millionen-Gage des Filmgeschäfts, heiratete achtmal und schmückte sich mit den kostbarsten Juwelen – Mittelmaß reichte ihr nicht. Stattdessen forderte Liz Taylor von allem viel; neben materiellem Glanz waren es in erster Linie Aufmerksamkeit und Zuneigung, von denen sie nicht genug bekommen konnte. Als sie am 23. März 2011 im Alter von 79 Jahren an Herzversagen starb, verlor die Welt eine leidenschaftliche Schauspielerin, die in den 1950er- und 1960er-Jahren in Filmen wie »Giganten«, »Die Katze auf dem heißen Blechdach«, »Cleopatra« und »Wer hat Angst vor Virginia Woolf?« zur Leinwandikone wurde. Bis zuletzt verstand es Liz Taylor, ihr Image als Hollywood-Diva zu bedienen: Zu ihrer Beisetzung hatte sie verfügt, die Trauerfeier 15 Minuten später als angeordnet beginnen zu lassen – schließlich war sie auch zu ihren Lebzeiten nie pünktlich gewesen.

Aufstieg zur schönsten Frau der Welt

Liz Taylors Erfolg kam nicht von ungefähr, denn ihre Eltern bereiteten ihre Tochter mit Ballettunterricht und anderen Angeboten systematisch auf eine Karriere beim Film vor. Geboren 1932 in London, zog Elizabeth Rosemond

Taylor nach dem Beginn des Zweiten Weltkriegs mit ihrer amerikanischen Familie nach Kalifornien. In der Filmmetropole Hollywood angekommen, erregte sie erstmals 1943 mit ihrer Rolle in dem »Lassie«-Film »Heimweh« Aufsehen, was ihr einen siebenjährigen Vertrag bei der Produktionsgesellschaft Metro-Goldwyn-Mayer einbrachte. Kaum ein Jahr später glänzte sie in »Kleines Mädchen, großes Herz« in ihrer ersten Hauptrolle. Bei den Dreharbeiten stürzte sie vom Pferd und verletzte sich an der Wirbelsäule, eine Blessur, unter der sie ihr ganzes Leben lang litt.

Mit ihrer Charakterrolle in »Giganten« fand sie 1956 als Partnerin von James Dean und Rock Hudson erstmals weltweit Beachtung. Sie entwickelte gemeinsam mit den Filmstudios ihre Starpersönlichkeit als temperamentvolle, schnell von ihren Emotionen überwältigte Frau. Ein Image, das sie vielschichtig in »Die Katze auf dem heißen Blechdach« (1958) und »Plötzlich im letzten Sommer« (1959) zur Geltung bringen konnte. Ihre sinnlich-tragische Darstellung des Callgirls Gloria im Filmdrama »Telefon Butterfield 8« bescherte ihr 1961 den ersten Oscar als beste Hauptdarstellerin. Als »schönste Frau der Welt« gefeiert, hatte Liz Taylor den Höhepunkt ihrer Karriere und damit den Hollywood-Olymp erreicht.

Skandalumwittertes Traumpaar

Liz Taylors Starruhm speiste sich nicht nur durch ihre herausragende Leinwandpräsenz, sondern auch durch ihr turbulentes Liebesleben. Besonders großen Anteil nahm die Öffentlichkeit an ihrer stürmischen Verbindung mit dem Schauspielkollegen Richard Burton, den sie während der Dreharbeiten zum Monumentalfilm »Cleopatra« kennenlernte. Die beiden gaben sich 1964 das Jawort, ließen sich zehn Jahre später scheiden, um ein Jahr darauf wieder zu heiraten – ein zweiter Anlauf, der jedoch kurz danach endgültig scheiterte. Richard Burton war Taylors Ehemann Nummer fünf und sechs und gleichzeitig offenbar ihr Traummann. Stets von der Regenbogenpresse beobachtet, liebten sie sich mit ebensolcher Leidenschaft, wie sie sich hassten.

Leben auf der Überholspur

Liz Taylor führte ein Leben der Extreme: stürmische Liebesbeziehungen und schmerzhafte Trennungen, enorme Gewichtsschwankungen, Alkoholexzesse, Tablettenmissbrauch, Entziehungskuren und Krankheiten. Auch wenn ihre Leinwandkarriere sich in den späten 1960er-Jahren dem Ende zuneigte, blieb die Hollywood-Diva mit ihrem offensiv gelebten, skandalträchtigen Privatleben weiterhin in den Medien präsent.

Ausgelöst durch den Tod ihres Kollegen und Freundes Rock Hudson, setzte sich die Schauspielerin bis zu ihrem Tod für die Bekämpfung von HIV und Aids ein. Auch anderen Sozialprojekten lieh sie ihre prominente Stimme. Ihr Engagement imponierte, und so wurde Liz Taylor 1993 dafür mit einem Spezial-Oscar ausgezeichnet.

Auch nach ihrem endgültigen Rückzug aus der Filmbranche 2003 blieb ihr der Starruhm erhalten. Alle Welt kannte sie als die schöne und leidenschaftliche Liz – dabei hatte die Schauspielerin selbst die Kurzform ihres eigentlichen Vornamens Elizabeth nie richtig gemocht.

Die Mitford Schwestern

Exzentrische Engländerinnen

Manche Eltern kann man beneiden und bedauern zugleich: beneiden, weil sie eine große Zahl schöner, intelligenter, kreativer, origineller und witziger Kinder haben, und bedauern, weil Intelligenz und Unkonventionalität ebendieser Kinder nicht immer leicht zu ertragen sind. Das Ehepaar Freeman-Mitford, später Lord und Lady Redesdale, waren solche Eltern. Sie hatten sechs Töchter, eine schöner und wilder als die andere, und einen Sohn, der natürlich von allen adoriert wurde. Von Lady Mitford wird die Sorge überliefert, sie habe sich immer gefragt, wenn sie in einer Zeitung las: »Tochter eines Peers in Schwierigkeiten«, welches ihrer Mädchen wieder was angestellt hätte. Und da gab es fortwährend etliche Möglichkeiten, denn außer Pamela, die sich vor allem für Hühnerzucht und Haushalt interessierte und deren Liebesleben kaum an die Öffentlichkeit drang, und Deborah, der braven Jüngsten, waren die anderen Mitglieder der *girl group* immer für mehr oder minder schockierende Aktivitäten gut. Diana verließ ihren Ehemann Bryan Guinness, den Bier-Erben, wegen des Faschistenführers Oswald Mosley; Unity trug ständig das Hakenkreuz am Revers, war eine enge Freundin Hitlers und Gast auf Reichsparteitagen; Jessica schließlich schmückte sich mit den Symbolen Hammer und Sichel, floh mit einem Neffen Churchills nach Spanien, um im Bürgerkrieg zu kämpfen, und trat in die kommunistische Partei ein. Nur Deborah wandelte auf traditionellen adeligen Pfaden und wurde Herzogin von Devonshire. Allerdings wird kolportiert, dass ihr Ehemann Andrew häufig einen Pullover trug mit der Aufschrift: »Never marry a Mitford girl« – wer weiß, warum.

Was aber die *Mitford sisters* auch heute noch so interessant macht, ist die Tatsache, dass sie prominent im politischen und künstlerischen Leben ihrer Zeit agierten, dass sie weniger mit Gott, wohl aber mit aller Welt bekannt waren und dass sie, bis auf Pamela und Unity, alle über ihre Erlebnisse, Erfahrungen und Begegnungen schrieben – von Biografien bis zu Romanen, von journalistischen Polemiken bis zu Memoiren, von Büchern über englische Schlösser und Gärten bis zu Werken über amerikanische Friedhöfe und Begräbnisrituale. Und sie leben nicht nur in zahlreichen Biografien und Erinnerungen weiter, sondern über sie wurden Schlager komponiert, es gab eine TV-Serie der BBC, und sie wurden sogar zu Hauptpersonen in einem Musical, dessen Uraufführung 1981 in London stattfand. Wenn man es – zumindest für Großbritannien – genauer betrachtet, kann man fast von einer »Mitford-Industrie« sprechen.

Eigentlich war die Familie wohlhabend, und sie wäre es geblieben, wenn der Vater nicht drei Hobbys gehabt hätte: Gold ohne Erfolg in Kanada zu schürfen, Häuser zu bauen, wenn das Bauen teuer war, und sie zu verkaufen, wenn die Preise fielen. Nancy, die älteste Tochter, 1904 geboren und künftige Erfolgsschriftstellerin, machte daraus eine autobiografische Notiz, die zwar witzig, aber wenig wahrhaftig war: »Mein Vater war der zweite Sohn eines englischen Peers, meine Mutter war eine Schönheit. In England bekommen nachgeborene Söhne kein Geld, und so wurde ich in einem armen Londoner Slum geboren. Da mein Vater unbedingt sieben Bluthunde und ein Pony zum Reiten für mich halten wollte, herrschte ein ziemliches Gedränge.« Dieses Pony, so will es die Familienhistorie, transportierte der Vater im normalen Eisenbahnabteil nach Hause, während Pamela im Gepäcknetz sitzen musste. Vom Vater nämlich dürften die Töchter ihre Neigung zu exzentrischen Aktionen geerbt haben! So gehörte es auch zur Familiensaga, dass der Vater Wert darauf legte, nur ein Buch in seinem Leben gelesen zu haben – dieses aber immer wieder, da es so gut sei und damit ausreichend. Doch der Stolz auf seine kreativen Töchter ließ ihn auch deren Bücher lesen, und er nahm die überspitzten Schilderungen seiner Person in Nancys Romanen durchaus mit Humor.

Die größten Familienbesitzungen lagen in Oxfordshire, nahe Burford, dem idyllischen Städtchen in den Cotswolds, und so wuchsen die Kinder zuerst in dem anheimelnden Manor House in Asthall und später im benachbarten Swinbrook auf. Asthall Manor, abseits großer Straßen gelegen und nur über eine *single track road* zu erreichen, ist auch heute noch romantisch und verträumt. Man kann verstehen, dass die Kinder wütend auf ihren Vater waren, als sie in den viel kälteren Neubau ins benachbarte Swinbrook (Nancy nannte es »Swine Brook«) umziehen mussten. Wie es sich aber gehörte, hatte die Familie natürlich auch ein Haus in London! 26 Rutland Gate im vornehmen Stadtteil Kensington wurde für Festivitäten in der Saison genutzt, beispielsweise wenn die Töchter als Debütantinnen bei Hofe eingeführt wurden, aber man vermietete auch, wenn es finanzielle Engpässe gab. Heute hätten die Mitfords ausgesorgt – Häuser in Rutland Gate sind kaum unter 40 Millionen Pfund zu bekommen, wie Makler verkünden. Wer sich auf die Spurensuche begeben möchte, kann dies am einfachsten in Swinbrook tun. Im Gastro-Pub *The Swan Inn* sind die Wände der Gasträume mit Bildern der Schwestern geradezu tapeziert, und selbst auf der Toilette entgeht man ihnen nicht; zum Abschluss kann der Literaturtourist in *Debo's Room* nächtigen – der *Swan* gehört nämlich Deborah Devonshire. Wenn man durch das Dorf wandert und dabei die idyllische Ländlichkeit auf sich wirken lässt, kommt man zur Kirche und zum Friedhof, auf dem inzwischen fast alle Angehörigen der Mitford-Familie liegen: die Eltern und vier Töchter.

»Ein englischer Lord heiratet aus Liebe und neigt häufig dazu, die Liebe nahe dem Geld zu finden.«
Nancy Mitford

Alle *Mitford girls* waren wegen ihrer Schönheit berühmt und einige wegen ihrer zu politischen Extremen neigenden Umtriebigkeit berüchtigt, genauer: Diana und Unity waren »Hitler-Groupies«, während Jessica gerne mit Hammer und Sichel hantierte. Diana wird auf einem ihrer Buchcover als »the most glamorous Mitford sister« angekündigt, und da sind sogar ihre sonst so überkritischen Schwestern dieser Meinung. Auch sie schrieb ihre Erinnerungen und nannte diese – nicht ohne Grund – »A Life of Contrasts«, denn kontrastreich war ihr Leben. Geboren 1910, feierte sie 19-jährig die »Hochzeit des Jahres« mit Bryan Guinness, dem Erben des irischen Bierimperiums, drei Jahre danach wurde sie die Geliebte des verheirateten Schürzenjägers Sir Oswald Mosley, den sie später in Berlin ehelichen wird. Ihr erster Mann führte sie in die literarisch-künstlerischen Gesellschaftskreise ein, ihr zweiter in die politischen; mit dem Schreiben begann sie erst nach dem Krieg – Journalistisches, Biografisches und Rezensionen.

Erstaunlicherweise waren Jessica, die Kommunistin, und Unity, die Nazi-Sympathisantin, trotz allem besonders eng miteinander verbunden. Sie teilten sich ein Zimmer, jedoch mit genauer Grenzziehung: auf der einen Seite Bilder von Marx, auf der anderen solche von Hitler. Unity hatte zu Beginn des Krieges aus Verzweiflung darüber, dass England und Deutschland zu Gegnern geworden waren, einen Selbstmordversuch unternommen; dessen Folgen machten aus der jungen, attraktiven Frau wieder ein unelegantes Kind mit merkwürdigem Benehmen und führten 1948 zu ihrem frühen Tode. Jessica (1917 geboren) war in die USA ausgewandert und engagierte sich dort für die Bürgerrechtsbewegung; zugleich machte sie Karriere als Journalistin, die sich mit ihren Büchern den Beinamen »Queen of the Muckrakers« verdiente, wobei *muckraker* – je nach Perspektive – Enthüllungs- oder Skandaljournalist heißen kann. Am berühmtesten wurde ihre Beschreibung amerikanischer Begräbnisriten und deren Ausbeutung durch eine geldgierige und skrupellose Beerdigungsindustrie in dem Band »The American Way of Death« (»Der Tod als Geschäft«). Sie war richtig stolz, als eine Firma einen einfachen und billigen Sarg entwickelte und ihn unter der Bezeichnung *Jessica Mitford Casket* auf den Markt brachte.

Natürlich schrieb Jessica, in der Familie »Decca« genannt, ebenfalls ihre Autobiografie, und das Bild des kleinen Mädchens auf dem Cover, das mit verschränkten Armen den Betrachter energisch und abweisend-skeptisch anblickt, lässt die Willensstärke der künftigen Autorin ahnen. Bezeichnenderweise heißen ihre Memoiren »Hons and Rebels«, wobei *hon* einer der vielen Spitznamen der Mädchen untereinander war. Die deutsche Übersetzung »Hunnen und Rebellen« bezieht die Vorurteile des Vaters gegen die Deutschen, die »Hunnen«, mit ein; Jessica jedoch hätte seinerzeit lieber den Titel »Red sheep« gehabt. Trotz aller Rebellion aber wird die enge Verbundenheit mit der Familie, vor allem mit den Schwestern deutlich, und ungeachtet allen kommunistischen Engagements, bleibt durchaus ein aristokratischer Habitus erkennbar. Auch wenn sie sich am weitesten von ihrer Herkunft entfernt zu haben scheint – eigentlich ist diese Distanz vor allem eine, die sich an Meilen und nicht an Gefühlen und Erinnerungen messen lässt. Indes hat die familiäre Zuneigung sie nicht daran gehindert, im Krieg in einem Schreiben an die Londoner Regierung für eine lange Inhaftierung ihrer Schwester Diana zu plädieren, die angeblich gefährlicher wäre als ihr Ehemann Mosley. Winston Churchill erfüllte diese Forderung nicht. Er hörte auch nicht auf Nancy, die andere Schwester, von der ein ähnliches Schreiben an das Innenministerium gerichtet wurde. Die charmante, witzige, kreative Nancy nämlich konnte auch sehr sarkastisch, ja, fast verletzend werden zum Schrecken ihrer Geschwister und ihrer Freunde. Aber auch sie wurde vielfach verletzt, denn leicht war ihr Leben nicht, auch wenn es zuweilen glücklich zu sein schien.

Als ältestes von sieben Kindern war Nancy das übliche Schicksal beschieden – anfangs verwöhntes Einzelkind, dann nur noch eines unter vielen, die alle eine sehr distanzierte Mutter erleben, teilweise sogar erleiden mussten. Als eine Art »Kontrastprogramm« agierte der Vater, der jähzornig, launisch war, aber auch gutmütig und voller Liebe für seine Kinder. Anders als der Sohn erfuhren die Töchter keine formale Bildung, stattdessen war die große Bibliothek vor allem für Nancy ein Rückzugsort, um in die Tröstungen der Literatur zu flüchten. Das Lebensziel für sehr viele Mädchen damals war nicht ein erfolgreicher Abschluss der Schule, sondern der des Junggesellinnendaseins, wobei der Erfolg sich mehr an gesellschaftlicher Akzeptanz des potenziellen Ehemanns und weniger an persönlichem Glück bemaß. Erst war Nancy viele Jahre mit einem charmanten, homosexuellen Schotten verlobt, ohne die Realität sehen zu wollen, dann heiratete sie 1933 den ebenfalls charmanten Womanizer Peter Rodd, der sich weder um Einkünfte noch um eheliche Treue kümmerte. Dieser soll später angeblich gesagt haben, er hätte mehreren Frauen Anträge gemacht, aber Nancy wäre so töricht gewesen anzunehmen. Sie war aber nicht so töricht, ihren Fehler nicht zu erkennen, und so lebten sie bald getrennt, wurden aber erst 1957 geschieden. Merkwürdigerweise findet sich auf Nancys Grabstein immer noch der Hinweis, sie sei die Ehefrau von Rodd. Auch wenn die Hoffnung auf eheliches Glück eine Weile anhielt, so war Nancy doch klarsichtig genug, um diese Hoffnung bald nur noch ironisch zu würdigen. In einem ihrer ersten Romane (»Christmas Pudding«) stellt die Heldin nüchtern fest, die bloße Tatsache, jemanden zu lieben, sei ein guter Grund, ihn nicht zu heiraten.

Ein guter Grund, Bücher zu schreiben, war aber, mit einem immer wieder arbeitslosen Mann verheiratet zu sein und für den Unterhalt sorgen zu müssen. Und so gebrauchte Nancy ihr Talent, das sie schon zu ihrer einsamen Unterhaltung genutzt hatte, als sie noch in Swinbrook lebte. Anders als Virginia Woolf forderte sie nicht ein Zimmer für sich allein, sondern ihre Schwester Jessica berichtet, wie Nancy im Wohnzimmer saß und, vergnügt kichernd, ihre Texte in ein Schulheft schrieb. Von Beginn an hatte sie vor allem ein Thema, das sie mit Scherz, Satire und Ironie behandelte: ihre Familie, ihre Verwandtschaft und ihre Freunde. Doch nicht alle waren immer uneingeschränkt begeistert, von Nancy in fiktiver, aber deutlich erkennbarer Gestalt dem Publikum präsentiert zu werden. Vor allem ihr Roman »Wigs on the Green« (»Landpartie mit drei Damen«), 1935 zuerst erschienen, in dem sie sich über politische Aktivisten lustig macht, als deren Vorbilder Oswald Mosley und seine Gefolgsleute unschwer zu erkennen sind, brachte ihr heftigen Ärger mit ihren Schwestern Diana und Unity ein. Nach dem Krieg verweigerte sie eine Neuauflage, da die Gräueltaten der Nazis eine satirische Darstellung nicht erlaubten. Erst vor Kurzem erschien dieser Roman wieder in England und auch in deutscher Übersetzung.

Waren Nancys Romane vor dem Krieg eher lockere Skizzen des aristokratischen Lebens in der »Zwischenkriegszeit«, ein amüsantes und amüsiertes Plaudern über die tonangebenden jungen Leute, die *bright young things*, so wurden ihre Werke nach dem Krieg zwar nicht ernster, aber literarischer. Ihr Thema blieb einerseits das gleiche – die Irrungen und Wirrungen einer exzentrischen Aristokratenfamilie, wobei sie Vater und Mutter Mitford in Onkel Matthew und Tante Sadie verwandelte, deren skurrile Verhaltensweisen aber kaum kaschiert erschienen. Andererseits verweist der Titel des 1945 erschienenen Bandes »The

Pursuit of Love« (»Englische Liebschaften«) aber auf das, was für Nancy nun wichtig ist – die große Liebe ihres Lebens zu einem Franzosen. Im Krieg lernte sie Gaston Palewski kennen, der mit de Gaulle nach London gekommen war und dem sie später nach Paris folgte, wo sie bis zum Ende ihres Lebens wohnte. Palewski aber, untreu aus Gewohnheit, heiratete nicht sie, sondern eine andere Frau – Nancy blieb nur, abermals Haltung zu bewahren.

Durch den Erfolg ihrer Bücher waren zumindest ihre finanziellen Sorgen behoben, und regelmäßige Besuche bei Dior gehörten fortan zum Lebensstil. Als sie meinte, ihr Romanrepertoire erschöpft zu haben, begann sie, Biografien bedeutender historischer Persönlichkeiten zu verfassen – von Friedrich dem Großen bis Madame Pompadour. Doch ihre wahre Leistung für die Historie sind die Beschreibungen der englischen Aristokratie, deren ironischer Duktus nicht über ihre Ernsthaftigkeit, vor allem aber auch über ihre amüsante Anschaulichkeit hinwegtäuschen darf. Selbst in ihren letzten Lebensjahren, gequält von grauenvollen Schmerzen, behielt sie ihren Witz gewissermaßen als Schutz nach außen. Ihre Schwestern standen ihr bei, als sie 1973 starb. Beigesetzt wurde ihre Asche als Ausdruck familiärer Verbundenheit auf dem Kirchhof von Swinbrook. Diese Verbundenheit zeigt auch der Grabstein; auf ihm ist ein Maulwurf zu sehen, das Wappentier der Mitfords.

Emilie Flöge

1874–1952 Designerin für Reformkleidung

Spaziert man in Wien vom Burggarten die Babenbergerstraße hinauf oder durchquert vom Volkstheater kommend das Museumsquartier, so stößt man an der Ecke Mariahilfer Straße/Rahlgasse auf ein Wohn- und Geschäftshaus mit Turm aus der Jahrhundertwende. Die sogenannte Casa Piccola verdankt ihren Namen dem ehemaligen Kaffeehaus im Erdgeschoss, welches die Eltern der Schauspielerin und Schriftstellerin Lina Loos 1897 übernahmen. Im ersten Stock dieses Hauses befand sich bis 1938 der stadtbekannte Modesalon der »Schwestern Flöge«.

Emilie, Helene und Pauline Flöge hatten den Betrieb 1904 gemeinsam gegründet. Emilie übernahm die künstlerische Leitung, Helene betreute die Kundinnen, Pauline das Büro. Die Schwestern hatten sich keine einfache Zeit ausgesucht: Großkonfektionäre und aufstrebende Warenhäuser wie Gerngross mit Kleidung »von der Stange« bedrohten das Schneiderhandwerk. Kreationen der Pariser Couturiers traten in Konkurrenz zu den Modellen der Wiener KleidermacherInnen, wogegen diese mit einer »Los von Paris!«-Bewegung, einem feurigen Plädoyer für die Wiener statt der vorherrschenden Pariser Modewelt, Sturm liefen.

Emilie hatte ihre eigenen Vorstellungen von Mode: Die Reformkleiderbewegung hatte um 1900 die verstaubte Modewelt revolutioniert. Frauen sollten sich von modischen Zwängen befreien, keine beengenden Korsetts mehr schnüren und unpraktische Kleidung tragen müssen, weil die Gesellschaft es ihnen diktierte. Einfache, fließende, von Antike und Empire inspirierte Kleider, die bequem auf den Schultern saßen statt auf Rippen und Hüften, wurden von ReformerInnen als Symbol für die Befreiung der Frau von aufgezwungenen Vorstellungen und Normen beworben.

Emilie Flöges Kreationen waren ganz in diesem Sinne. Mit ihrer Mischung aus Reform- und kreativem Wiener Künstlerkleid (die Kleidung sollte damals ebenso zum Kunstwerk erhoben werden wie Architektur, Malerei und Mobiliar) setzte sie sich ein Denkmal in der Wiener Kunst- und Modegeschichte. Daneben verstand sie es geschickt, die angesagte Pariser Damenmode an die Anforderungen der Kundschaft anzupassen und, bereichert durch ihre eigenen Ideen, maßgeschneidert an die Frau zu bringen. Im Herbst und Frühjahr reiste die Modeschöpferin zu den Modenschauen nach Paris, kaufte Stoffe und ließ sich in Modehäusern wie jenem von Charles Frederick Worth inspirieren, später auch von Coco Chanel und Elsa Schiaparelli. Skizzen und Aufzeichnungen machte sie dabei nie, dank ihres fotografischen Gedächtnisses behielt sie die neuen Entwürfe immer im Kopf. In ihrem Salon wurden die Pariser Schnitte dann für die rundlichere Figur der Wienerinnen abgeändert.

80 Schneiderinnen und drei Zuschneiderinnen beschäftigte der Salon »Schwestern Flöge« in seiner besten Zeit. In einem Zimmer befand sich die französische, auf Kleider und Abendmode spezialisierte »Abteilung«, in einem weiteren die englische für Mäntel und Kostüme. Auch Emilie legte gerne selbst mit Hand an, schon frühmorgens

soll sie erste Anweisungen gegeben und dann »wie eine Bildhauerin« an der Schneiderpuppe gearbeitet haben.

Obwohl der Name Emilie Flöge heute mit ihren künstlerischen Reformkleidern verbunden wird, lebte der Salon hauptsächlich vom Verkauf der konventionellen Modelle. Ihre künstlerisch aufgeschlossenen Kundinnen schätzten und unterstützten zwar die Avantgarde, trugen aber selbst meist weniger extravagante Kleidung. Für die Damen des Wiener Großbürgertums und der jüdischen Industriellenfamilien wie Clarisse Rothschild, Mäda Primavesi oder Sonja Knips gehörte es zum guten Ton, sich bei Emilie Flöge einzukleiden. Nur sie konnten sich diesen Luxus auch leisten: Rechnungen aus dem Nachlass belegen, dass der Modesalon nicht nur zu den besten, sondern auch zu den höchstpreisigen in Wien zählte. Für einen Seidenplisseerock etwa wurden 1912 190 Kronen verrechnet – eine ausgelernte Damenschneiderin verdiente um 1907 gerade einmal zwei bis drei Kronen täglich. Ein Stoffkleid und die Ausbesserung eines Mantels kosteten 1937 410 Schilling – so viel bekam ein pragmatisierter (verbeamteter) Richter im Monat.

Doch Emilie war nicht nur emanzipierte Geschäftsfrau, sondern auch Muse: Durch die Freundschaft der Flöges mit der Familie Klimt – die Väter hatten gemeinsam die Akademie der bildenden Künste besucht – lernte sie den um zwölf Jahre älteren Maler Gustav Klimt kennen. 1891 heiratete dessen Bruder Ernst Klimt Emilies Schwester Helene, was Emilie und Gustav einander näherbrachte. Aus Freundschaft wurde eine innige Lebenspartnerschaft, die bis heute für Spekulationen über das Liebesleben der beiden sorgt. Sie traten öffentlich als Paar auf, lebten aber getrennt voneinander und heirateten nie. Sicher ist, dass sie einander zutiefst schätzten, sich sehr nahe standen und künstlerisch inspirierten. Während Emilie sich bei ihren Kunstkleiderentwürfen gern von der Idee des klimtschen »Gesamtkunstwerks« leiten ließ, verewigte er seine »Midi« unter anderem im »Porträt Emilie Flöge«, das heute im Wien Museum am Karlsplatz zu sehen ist. Auch das Paar auf dem berühmten Gemälde »Der Kuss« soll Gustav und Emilie darstellen.

Die von Gustav Klimt am Attersee angefertigte Serie mit Modeaufnahmen von Reformkleidern nach Entwürfen aus Klimt-Kreisen blieb im Nachlass Emilie Flöges erhalten. Privat trug die Modeschöpferin zur Zeit der Wiener Moderne auch selbst Reformkleider, häufig kombiniert mit Schmuckstücken der KünstlerInnenvereinigung Wiener Werkstätte, welche ihr Klimt im Laufe der Jahre schenkte und die auf vielen Aufnahmen von ihr zu sehen sind. Für die Wiener Werkstätte, deren Gründer Koloman Moser und Josef Hoffmann die schwarz-weiße Jugendstileinrichtung des Modesalons entwarfen, war Emilie eine wichtige Werbeträgerin, verkehrte bei ihr doch die kauffkräftige High Society. In den Glasvitrinen des Empfangsraums waren deshalb ebenfalls Wiener-Werkstätte-Preziosen ausgestellt.

Nach dem Ersten Weltkrieg war die beste Zeit des Salons »Flöge« vorbei. 1917 starb die älteste Flöge-Schwester Pauline und im darauffolgenden Jahr Emilies Lebensmensch Gustav Klimt. Mit seinem Tod verlor Emilie Flöge auch ihre künstlerischen Ambitionen. Dass der Salon die Nachkriegszeit überlebte, verdankte er den Kundinnen, deren Familien Geldquellen oder Betriebe im Ausland hatten. Die Auftragslage wurde jedoch schwächer, die Anzahl der Näherinnen musste von 80 auf 20 reduziert werden. 1929, nach dem großen Börsenkrach, verlor Emilie Flöge weitere Kundschaft, Mitte der 1930er-Jahre auch ihre jüdischen Stammkundinnen, von denen die meisten vertrieben wurden. Nach dem Einmarsch Hitlers in Österreich kam das Geschäft schließlich endgültig zum Erliegen. Emilie Flöge sah sich gezwungen, den Salon aufzulösen. Ihr letztes Mannequin wurde 1938 »infolge zeitbedingter Stilllegung des Betriebes« gekündigt.

Nach der Schließung zog die Modeschöpferin in die Ungargasse 39 im dritten Wiener Gemeindebezirk. Sie lebte dort mit ihrer Nichte Helene Donner, der Tochter von Emilies Schwester Helene, die 1936 verstorben war. Helene Donner hatte nach Paulines Tod 1917 deren Aufgaben im Salon übernommen. In den Kriegsjahren wohnten die Frauen zum Teil auch im Haus der Flöges in Weißenbach am Attersee. Emilie hatte dort viele Sommer mit Gustav Klimt und ihrer Familie verbracht, wenn der Salon geschlossen war. 1945 vernichtete ein Brand einen Großteil der Wiener Wohnung und damit auch den letzten Rest des Saloninventars sowie wertvolle Gegenstände, die Klimt seiner Muse hinterlassen hatte.

Am 26. Mai 1952 starb Emilie Flöge an Nierenversagen in Wien. Ihr Nachlass wurde 1983 in der Wohnung in der Ungargasse entdeckt. Eine Gedenktafel an der Casa Piccola, über jener von Lina Loos, erinnert heute noch an die Modeschöpferin und Muse und den Salon der »Schwestern Flöge«. Auch das verstärkte Interesse an Gustav Klimt anlässlich seines 150. Geburtstags im Jahr 2012 rückt Emilie Flöge wieder in den Blickpunkt der Öffentlichkeit.

Lady Diana Cooper

1892–1986 Schauspielerin

Ihr schauspielerisches Talent und ihre Freude am Drama lebte Lady Diana Cooper nicht nur auf der Theaterbühne aus, sondern auch in ihrer Rolle als Gastgeberin. Als Gattin von Duff Cooper, des britischen Botschafters in Paris, lud sie fast jeden Sonntagmittag in ihr Landhaus in Chantilly ein und überraschte ihre Gäste immer wieder mit fantasievoll inszenierten Ausflügen in die idyllische Umgebung. Einmal bewegte sie die ganze Gästeschar dazu, vor dem Essen mit ihr gemeinsam den Park eines unbekannten Barons zu erkunden. Als Schüsse durch die Luft donnerten, rief Diana aufgeregt: »Oh, der Baron ist auf der Jagd!« Und als sie im Bootshaus am Ufer eines kleinen Sees nicht nur Sherry, Gläser und einen mit köstlichen Speisen gedeckten Tisch vorfanden, mutmaßte Diana mit gespielter Euphorie, dass es sich wohl um den Jagdschmaus des Barons handeln müsse. »Lasst uns essen!«, kreischte sie und stiftete ihre Freunde zum vermeintlichen Mundraub an, denn natürlich hatte sie das Picknick genau so geplant und auf die kribbelnde Abenteuerlust ihrer Gäste vertraut, etwas moralisch Verwerfliches zu tun. Der Schwindel flog erst auf, als man entdeckte, dass das Geschirr aus der britischen Botschaft stammte. »Jedes Essen, selbst ein Mittagessen mit nur zwei Gästen«, so Susan Mary Patten, »war für Diana ein Theaterstück.«

In den Zwanzigerjahren hatte die 1892 geborene Tochter des 8. Duke of Rutland als Schauspielerin für Aufsehen gesorgt. Zunächst hatte sie in zwei Stummfilmen mitgewirkt, dann nahm die mit einem literarisch ambitionierten Arztsohn Frischvermählte das Angebot des österreichischen Theaterregisseurs Max Reinhardt an, in New York bei der Neuinszenierung des von Karl Vollmöller geschriebenen Bühnenstücks »Das Mirakel« mitzuwirken, das 1912 Weltpremiere hatte. Die Handlung des Stücks, das ohne Worte auskommt, sondern auf Musik, Pantomime und Tanz basiert, leitete sich von einer mittelalterlichen Marienlegende ab: Eine Nonne flieht mit einem Ritter aus ihrem Kloster und erlebt einige mystische Abenteuer. Die Aufgaben der flüchtigen Ordensschwester übernimmt derweil die lebendig gewordene Steinfigur der Jungfrau Maria. Diana Cooper übernahm im Wechsel mit Maria Carmi, die später als Stummfilmdiva berühmt wurde, die Rolle der Jungfrau Maria und die der Nonne. Bis Anfang der Dreißigerjahre spielte Diana Cooper immer wieder – manchmal bis zur totalen körperlichen Erschöpfung – »Das Mirakel« in England und Europa. Zahlreiche prominente Verehrer waren der attraktiven Schauspielerin mit den strahlend blauen Augen treu ergeben. Der *Times*-Journalist und Schriftsteller Maurice Baring las ihr aus seinen neuesten Romanen vor, und mit dem Schriftsteller Evelyn Waugh und dem Historiker Conrad Russell pflegte Diana Cooper eine regelmäßige Korre-

»Im Dankesbrief einer meiner Gäste stand zu lesen: ›Es war die ersprießlichste Party, an die sich die Mitglieder der Delegation erinnern können. Es ist unwahrscheinlich, dass sie jemals wieder eine Ähnliche erleben oder sich je wieder so fröhlich fühlen werden wie heute Morgen.‹«

spondenz über alle Fragen des Lebens. Ihr Landhaus in Bognor wurde zum beliebten Treffpunkt für den wachsenden Freundeskreis, den sie schon damals zu den von ihr geliebten Picknickausflügen animierte. Ausgelassene Feste feierten Duff und Diana als Gäste von Laura Corrigan im Palazzo Moncenigo in Venedig und von König Edward VIII. und seiner Geliebten Wallis Simpson in Fort Belvedere. Als Dank für eine Kreuzfahrt auf der königlichen Jacht Enchantress in der Ostsee organisierte Diana ihrerseits ein spektakuläres Dinner bei Kerzenschein in der bei Literaturliebhabern berüchtigten Villa Diodati am Genfer See, wo sich 1816 die »Frankenstein«-Autorin Mary Godwin, ihr späterer Ehemann Percy B. Shelley, Lord Byron und seine Geliebte getroffen hatten, um Laudanum zu konsumieren und über spiritistische Fragen und okkulte Phänomene zu diskutieren.

Als Diana im September 1938 nach London zurückkehrte, war sie überrascht von den Schutzgräben, die in Parks und Gärten angelegt wurden. »Wie hatte ich nur tanzen und fröhlich sein können, während Duff sich bemühte, die Flotte zu mobilisieren?« Wenn sie nicht auf der Bühne stand oder ihren gesellschaftlichen Verpflichtungen nachging, unterstützte Diana Cooper tatkräftig die politische Karriere ihres Gatten, der schon zu Studentenzeiten Kontakte zu Winston Churchill geknüpft hatte. »Wahlen sind etwas Abscheuliches, wenn man den Kandidaten liebt«, kommentierte sie ihre Bemühungen, »und die persönliche Wahlpropaganda finde ich schauderhaft – das Anklopfen an fremde Türen, die unvorhersehbaren Launen der öffnenden Hausfrau, die man beim Kochen, beim Waschen oder beim Mittagsschlaf stört.« Doch ihre

Arbeit zahlte sich aus. 1927 wurde Duff Cooper zum ersten Mal für die konservative Partei ins Unterhaus gewählt. 1935 schaffte er den Sprung als Kriegsminister ins Kabinett, 1937 stieg er zum Marineminister auf. Als Gegner der Appeasement-Politik gegenüber dem nationalsozialistischen Deutschen Reich Hitlers war Duff Cooper 1940 maßgeblich beteiligt am Sturz des Premiers Neville Chamberlain. Für die Regierung Churchill wurde er in diplomatischer Mission auf Reisen geschickt, und seine umtriebige Gattin Diana begleitete ihn. 1941 reisten sie nach Singapur, um dort die britische Regierung zu repräsentieren. 1943 wurden die Coopers nach Algier versetzt, wo Duff als Kontaktmann zu Charles de Gaulles französischer Exilregierung fungieren sollte. Die Besuche de Gaulles, damals noch Präsident des Nationalen Befreiungskomitees, bevor er 1945 zum Ministerpräsidenten Frankreichs gewählt wurde, bereiteten der Hausherrin besonders großes Kopfzerbrechen. Worüber sollte man unverfänglich sprechen? »Enfance!« – »Kindheit!«, schlug sie vor. »Seit Jahren ein todsicheres Thema. Über nichts anderes findet man so rasch und sicher zusammen.« Ein Gespräch über ihre Vergangenheit als Schauspielerin wäre in Diplomatenkreisen nicht standesgemäß erschienen.

Als Höhepunkt seiner diplomatischen Karriere wurde Duff Cooper 1945 als Botschafter nach Paris beordert. Das Gebäude der britischen Botschaft in der Rue du Faubourg St. Honoré glich kurz nach dem Zweiten Weltkrieg einer Ruine – kein Wasser, kein Strom. Mit persönlichen Möbeln, Bildern und Fotografien machte Diana Cooper die repräsentativen Räume wohnlich. Als ständiger Hausgast zog eine von Duffs diversen Geliebten, Louise de Vilmorin, ein: »Es war das anstrengendste Leben, das ich je geführt habe«, stöhnt Cooper in ihren Memoiren, doch nicht aufgrund der *ménage à trois*: »Zu den offiziellen Verpflichtungen kamen noch die Menschen, die wir aus irgendeinem Grund sehen mussten, seien es afrikanische Konsuln oder Gertrude Stein und Alice B. Toklas mit ihrem Pudel oder Colette ... Schriftsteller, Schauspieler, Komponisten und Dirigenten. Meistens schwirrten einige Abgeordnete und Bischöfe herum ... und das Corps Diplomatique wollte bewirtet werden.« Neiderinnen unkten im Vorfeld, dass Diana der neuen Aufgabe, die ein korrektes Auftreten erfordere, nicht gewachsen sein würde. Weit gefehlt! Alle Gäste erlebten in der britischen Botschaft unvergessliche Stunden, auch wenn nicht immer alles der Etikette entsprach. Für den britischen Feldmarschall Montgomery schmückte Diana Cooper den Bankettsaal mit Fahnen, Lorbeerzweigen und 1.000 roten Rosen und engagierte ein Mädchen, das Balladen über die *Résistance* vortrug. Zu einem offiziellen Dinner lud sie die Komikerin Lady Peel ein, die ein paar lustige Lieder am Piano vortrug. Duff Cooper wusste, dass er seiner Gattin in gesellschaftlicher Hinsicht alles verdankte, als er resümierte: »Diese Dinge gelingen einfach nicht ohne Diana!«

Georgiana Cavendish

1757–1806 Aristokratin

Sehr aristokratisch im realen Leben sieht eine Dame aus dem Hochadel von einem Bild des Malers Gainsborough herab, deren Biografie einige Ähnlichkeiten mit der ihrer 200 Jahre später geborenen Verwandten Diana Spencer, zeitweilig Ehefrau von Prinz Charles, aufweist. Georgiana Cavendish, Frau des 5. Herzogs von Devonshire, lebte ein außergewöhnliches, dramatisches, aber auch trauriges Leben. Als Georgiana Spencer – wie Lady Diana – auf Althorp geboren, heiratete sie früh in die Cavendish-Familie, was ihr eine bedeutende Stellung in der Londoner Gesellschaft, aber wenig persönliches Glück einbrachte. Anders als die heutigen Cavendishs lebte sie nicht auf Chatsworth, sondern in dem – inzwischen abgerissenen – Devonshire House in Mayfair gegenüber dem Green Park in London. Sie war in Bezug auf Mode das, was man heute eine Trendsetterin nennt, und ihre Gesellschaften waren berühmt, später auch berüchtigt, da sie häufig spielte, meistens um hohe Summen und meistens mit hohen Verlusten. Möglicherweise spielte sie aus Frustration, hatte doch der Herzog ihre beste Freundin als Geliebte mit ins Haus genommen; auch in ihrer Ehe gab es also drei Personen wie in der von Diana. Wie ihre Nachfahrin tröstete Georgiana sich außerehelich, aber anders als bei Diana gab es keine Scheidung. Und was Diana als Engagement im

Wohltätigkeitsbereich zeigte, das leistete die Herzogin – äußerst ungewöhnlich in ihrer Zeit – im politischen Leben: Sie unternahm Wahlwerbung für die Whigs (als liberale politische Partei bis Mitte des 19. Jahrhunderts Gegenspieler der konservativen Tories) und deren Protagonisten Charles James Fox. Als Wahlwerbegeschenke – so wird kolportiert – habe sie Küsse gegen Stimmen getauscht, was ihrer Beliebtheit in der Bevölkerung nicht abträglich war. Und während Diana sich vorsichtig möglichen Minenfeldern näherte, lebte Georgiana einige Zeit im Paris der Revolution, ohne wohl die Gefahr zu erkennen. Anders als Diana aber, die auf Althorp in kalter Einsamkeit begraben liegt, wurde Georgiana in der Grablege der Familie Cavendish in der Kathedrale von Derby beigesetzt.

Ganna Walska

1887–1984 Gartenliebhaberin

Über 50 Jahre widmete sich Ganna Walska der Gestaltung ihres Gartens in Kalifornien, von 1941 bis zu ihrem Tod im Alter von 97 Jahren. »Mehr ist besser!« war dabei ihr Motto. Wieso sollte man sich auf wenige Exemplare beschränken, wenn man auch Hunderte davon pflanzen konnte? Mit einer ganzen Armada von stacheligen Kakteen und *Euphorbia ingens* umstellte sie das rosafarbene Herrenhaus ihres Anwesens in Montecito und machte daraus so etwas wie die subtropische Version eines Dornröschenschlosses. Sie pflanzte Bromelien, Farne in allen Nuancen von Hell- bis Dunkelgrün und schmückte einen Pool mit Riesenmuscheln, die bis zu 140 Zentimeter groß werden. Als sich eine Gesellschaft von Palmen-Freunden zu einem Besuch anmeldete, ließ sie aufgeregt noch mehr Palmfarne pflanzen, um einen unvergesslichen Eindruck zu garantieren. Im »blauen Garten« orchestrierte sie *Festuca ovina*, echten Schaf-Schwingel, die hellgraue *Agave americana*, blaue Hesperiden-Palmen und die blaue Atlas-Zeder zu einer monochromen Harmonie. Farblich dazu passend, säumen blau-grün schimmernde Glasstücke die Spazierwege. Ganna Walska investierte Millionen, um ihre Gartenideen zu verwirklichen.

Ihr immenses Vermögen hatte die als Hanna Puacz im zaristisch regierten Polen geborene Gartenliebhaberin durch Heirat erworben. Sechsmal ging Ganna Walska den sogenannten Bund fürs Leben ein und verbesserte auf diese Weise stetig ihre soziale und finanzielle Situation. In ihren Memoiren »Always room at the top«, die 1943 erschienen, schrieb Ganna Walska mit Lebenswitz über ihre zahlreichen Exehemänner. Nummer eins, Baron Arcadie d'Einghorn, den sie im Alter von 20 Jahren heiratete, verschaffte ihr neben einem Titel als Baronesse eine gewisse finanzielle Unabhängigkeit und das Entree in die russische Adelsgesellschaft. Ernüchtert durch sein jähzorniges Verhalten, ließ sie sich jedoch 1906 wieder scheiden und forcierte ihre Karriere als Opernsängerin in Paris. Sie erfand den Künstlernamen Madame Ganna Walska (Walska, weil sie gern Walzer tanzte) und lancierte ein Parfüm. Vor dem drohenden Ersten Weltkrieg floh Madame nach New York, wo sie Ehemann Nummer zwei, den in New York ansässigen Nervenarzt Dr. Joseph Fraenkel, kennenlernte. Er heilte ihren Kehlkopf, heiratete sie und verschaffte ihr die amerikanische Staatsbürgerschaft.

Fraenkel starb nach vier Jahren Ehe 1920. Nur fünf Monate nach seinem Ableben stürzte sich Ganna Walska in die nächste Verbindung und heiratete unter großer Anteilnahme der Klatschpresse den damals reichsten Junggesellen von New York, Alexander Smith Cochran. Sie hatte den Erben eines Teppichfabrikanten auf ihrer Reise nach Europa auf der *Aquitania* kennengelernt. Cochran verwöhnte seine 13 Jahre jüngere Gattin mit einem Rolls-Royce, einem Domizil in Paris, Pelzmänteln und Schmuck im Wert von einer Million Dollar. Und als nach nur 20 Monaten Ehe die Scheidung ausgesprochen wurde, wurde Ganna Walska mit drei Millionen Dollar abgefunden, was heute einem Vielfachen entspricht. Madame hatte offenbar das gewisse Etwas, dem kaum ein Mann widerstehen konnte. »Die Geschichten über meine Scheidung von Alex Cochran waren gerade verstummt, als die Gerüchte über meine Heirat mit Harold McCormick begannen«, beschrieb Ganna Walska die Übergangsphase zu Ehemann Nummer vier. Harold McCormick, der sich ihretwegen von Edith Rockefeller scheiden ließ, war jedoch nicht allein fasziniert von ihrer Schönheit. Als bedeutender Musikmäzen verschaffte er seiner Angebeteten ein Entree in das Opernhaus von Chicago und kaufte schließlich das Théâtre de Champs-Elysées in Paris, um Madame weitere Auftritte zu sichern. Eine Maßnahme, die nötig wurde, da Publikum und Kritiker nicht gerade begeistert waren von Ganna Walskas Qualitäten. Aufsehen erregte sie vor allem durch ihre Kostüme, Kleider und Juwelen, nicht etwa durch ihre schöne Stimme.

»Ich träume davon, Lotusland zu einem herausragenden Zentrum der Gartenkultur und der Bildung zu machen.«

Ganna Walska verbrachte die meiste Zeit ihrer vierten Ehe auf ihrem Schloss bei Paris, weit weg von McCormick, bis dieser sich aus Einsamkeit scheiden ließ. Ein besonderes Interesse ihrerseits für Pflanzen oder Landschaftsarchitektur lässt sich bis dato nicht erkennen. Vielmehr suchte die verkannte Sängerin nach dem Sinn des Lebens, indem sie an Séancen, Meditationen und astrologischen Sitzungen teilnahm und Yoga praktizierte. Auf Prinz Charming wollte die mittlerweile über Vierzigjährige nicht mehr warten und heiratete 1938 nun Harry Grindell-Matthews, den

Erfinder des sogenannten *Death Ray* einer elektromagnetischen Waffe. Wenn man ihren Beschreibungen Glauben schenken mag, ein Akt des Mitleids: »Alles an ihm war negativ. Er sah älter aus, als er war. Er wirkte ausgemergelt.« Der Zweite Weltkrieg diente Ganna Walska als Entschuldigung für ihre Rückkehr nach Amerika, natürlich ohne Harry, der 1941 an einem Herzinfarkt starb.

Das große Kapitel Ehemänner endete mit Yoga-Guru Theos Casimir Bernard, mit dem sie 1942–1946 verheiratet war. In ihm fand die spirituell geprägte Sängerin einen wahren Seelenverwandten. Der mittellose Philosoph und Buchautor, der sich selbst den Namen »White Lama« gegeben hatte, riet ihr, die auf der Suche nach einem neuen Domizil war, zum Kauf des 15 Hektar großen Anwesens Cuesta Linda, auf dem das Ehepaar Ralph Kinton und Caroline Stevens im 19. Jahrhundert eine florierende Baum- und Pflanzenschule für Exotica betrieben hatten. Bernard plante auf Cuesta Linda einen spirituellen Treffpunkt für buddhistische Gelehrte. Nach der Scheidung realisierte Ganna Walska auf dem riesigen Areal ihre eigenen Pläne. Die frischgebackene Gartenbesitzerin baute auf dem alten Pflanzenbestand auf und schuf einen nicht nur in Kalifornien einzigartigen Park mit exotischen Pflanzen.

Anfang der Vierzigerjahre beauftragte Ganna Walska den renommierten Landschaftsarchitekten Lockwood de Forest jr. mit der Anlage eines Sukkulentengartens, in dem *Aeonium, Fouquieria* und *Kalanchoe* wachsen. Ein ausgedienter Swimmingpool bildete die Grundlage für den Wassergarten und Madames reiche Sammlung von Lotuspflanzen, die dem Anwesen ihren Namen geben. Zu den berühmtesten Bereichen von Lotusland gehört der *Topiary Garden* mit seinen formgeschnittenen Tierfiguren, die einen amüsanten Kontrast zu den tropischen Pflanzen bilden. Der Entwurf stammte von Ralph Stevens, der auch die dekorative Gartenuhr entworfen hat, deren 25 Fuß großes Ziffernblatt aus Pflanzen, bunten Glassteinen und den Darstellungen der Tierkreiszeichen gestaltet ist. Es folgten die Anlage eines japanischen Gartens und des Palmfarngartens, der auch *Million Dollar Garden* genannt wird, da er mit dem Erlös aus dem Verkauf ihrer Juwelen bei Sotheby's finanziert wurde. Lotusland beherbergt eine ungewöhnlich vollständige Sammlung der *Cycadales*, die bereits vor 300 Millionen Jahren auf der Erde wuchsen.

Ganna Walska, die sich selbst als »Head Gardener« bezeichnete, liebte überraschende Accessoires inmitten der Pflanzenpracht und ließ zahlreiche Skulpturen aufstellen, die dem Garten eine theatralische Atmosphäre verleihen. In dem auf drei Terrassen angelegten Naturtheater platzierte die ehemalige Operndiva eine Sammlung von grotesken Steinfiguren aus Frankreich.

Mit großer Kennerschaft stellte Madame Ganna Walska eine beeindruckende botanische Sammlung zusammen. Sie besuchte Pflanzenschulen, korrespondierte mit Botanikern, kaufte Statuen, Fliesen, Muscheln, Steine, um kunstvolle Effekte zu erzielen, die sie aus der Oper kannte.

Für die ehemalige Operndiva zu arbeiten war für alle Mitarbeiter eine ganz besondere Herausforderung. Charles Glass gehörte zu den wenigen Chefgärtnern von Lotusland, die mit ihrer exzentrischen Art umgehen konnten. Da sie keine Unterbrechung ihrer Ausführungen und Direktiven duldete, schrieb Glass der Operndiva lange Briefe, um seine eigenen Standpunkte darzulegen.

Jeden Tag verbrachte Ganna Walska in ihrem Garten und ließ nicht nach, ihn zu verschönern. »Der Garten ist schöner als je zuvor, ich habe gewaltige Dinge diesen Sommer geleistet, zwei herausragende Steingärten und 1.000 Kakteen sind dazugekommen, dieses Mal aus Arizona und Texas ...«, schrieb sie 1948 an ihre Freunde Irma und Christoph Rub.

Nach dem Tod der Diva wurden in Lotusland noch mehr Wege für Besuchergruppen und Freunde der Botanik angelegt. Den Erhalt ihres grün schillernden Lebenswerks sicherte Ganna Walska durch die Gründung der Lotusland-Stiftung, die sich strengen ökologischen Prinzipien verschrieben hat und bei der Instandhaltung des Gartens auf giftige Pestizide verzichtet. Heute kommen jährlich rund 15.000 Besucher nach Lotusland, um dieses weltweit einzigartige Tropenparadies zu sehen, das von großzügigen Spendern unterstützt wird. Merritt Dunlap, Ganna Walskas langjährige Freundin, übergab dem Park ihre umfangreiche Kollektion von Kakteen, und ein anonymer Gartenliebhaber spendete für die Restaurierung des *Topiary Garden* eine Million Dollar.

4

Unsichere Zeiten – couragierte Frauen

Elsa Brändström
Marie-Madelaine Fourcade
Lida Gustava Heymann
Florence Nightingale
Marlene Dietrich
Bertha von Suttner
Rosa Parks
Käthe Kollwitz
Rosa Luxemburg
Teresa Cordopatri
Malala Yousafzai
Jane Addams

Elsa Brändström

1888–1948 Kriegskrankenschwester

Sind die Damen bereit, auch noch einen Blick in die Menagerie zu werfen?«, fragte der Chefarzt des großen Nikolaihospitals in Petrograd die beiden jungen Schwesternhelferinnen gut gelaunt. Es war die entscheidende Frage, die 1914 das Leben von Elsa Brändström ändern sollte. »Menagerie« lautete die zynische Bezeichnung des Chefarztes für den Saal mit verwundeten deutschen Kriegsgefangenen. Für die Versorgung dieser Gefangenen war ein russischer Zahnarzt zuständig, der nach Wodka stank und verlautbaren ließ, dort drinnen sei alles »in bester Ordnung«. Als Elsa und ihre Freundin Ethel von Heidenstam in den Saal traten, stellten sie jedoch fest, dass hier rein gar nichts in Ordnung war. Kaum mit dem Notwendigen versorgt, mussten sich vier oder fünf der Verletzten ein Bett teilen, andere lagen auf dem Boden und in den Gängen. Waren sie einigermaßen wiederhergestellt, kamen die meisten von ihnen in die Gefangenenlager Sibiriens. Die wenigsten kehrten von dort zurück.

Elsa Brändström, die Tochter des schwedischen Botschafters in St. Petersburg, hatte bereits ihre ersten drei Lebensjahre in der Stadt an der Newa verbracht, ihre weitere Kindheit und Jugend aber dann in Schweden, wo sie nach der Schule ein Lehrerinnenseminar besuchte. Mit zwanzig Jahren war sie den Eltern und Brüdern wieder nach St. Petersburg gefolgt, wo der Vater nun nicht mehr als Militärattaché, sondern als Gesandter Schwedens repräsentierte.

Nach der naturverbundenen, eher zurückgezogenen Kindheit und Jugend in Schweden genoss Elsa das schillernde gesellschaftliche Leben der russischen Metropole zunächst in vollen Zügen – Schlittenfahrten, Schlittschuhlaufen mit dem Sektkelch in der Hand, Reitpartien, Bridgeabende, Galadiners, Bälle. Dennoch verschloss sie ihren Blick nicht vor der Not und der Armut, die ringsum herrschten. Als der Erste Weltkrieg ausbrach, absolvierte sie gemeinsam mit ihrer Freundin Ethel, der Frau des schwedischen Legationsrats, einen Schnellkurs in Krankenpflege. Solche Kurse wurden damals für die Damen der oberen Gesellschaft angeboten, um die Berufsschwestern zu unterstützen. Viele Frauen bekundeten hieran ihr Interesse, doch die meisten von ihnen beließen es dabei, für einige Zeit in den Spitälern Kissen zurechtzurücken und Verwundeten die Stirn zu trocknen, um dann bei der nächsten Soirée davon zu berichten.

»Ich will helfen!«

Elsa und Ethel blieben. Das unermessliche Leid der Verwundeten, das ihnen in dem Hospital begegnet war, konnten sie nicht so einfach vergessen. Das stille Dulden der Kriegsgefangenen in der »Menagerie«, ihre Hoffnung, zu überleben – und irgendwann vielleicht einmal wieder in die Heimat zurückzukehren –, erschütterten Elsa zutiefst. In ihren Erinnerungen schrieb Elsa Brändström später: »Ich ging nach Hause und heulte einen ganzen Tag lang.

Auch mit offenen Augen sah ich diese Gesichter vor mir, und ich versuchte mir vorzustellen, wie ich an ihrer Stelle reagieren würde. Ich habe es damals nicht herausgefunden, aber ich spürte in mir ein unbekanntes Gefühl keimen, größer und stärker werden, all mein Tun beherrschend. Dann vermochte ich es zu artikulieren, und ich schrie es tausendmal in meinen wirren Träumen: Ich will helfen!«

Elsa, deren Mutter 1913 gestorben war, vertraute sich ihrem Vater an. General Edvard Brändström hatte seine Kinder liberal erzogen, dabei jedoch immer moralischen Grundsätzen große Bedeutung beigemessen. Von ihm hatte Elsa gelernt, dass man für das, was man als richtig und notwendig erkannt hat, einstehen und handeln muss. Und so brachte der Vater auch jetzt seiner »Langen-Schritte-Elsa« – das war sein Kosename für sie, weil sie schon als kleines Mädchen ordentlich ausschritt – großes Verständnis entgegen, obwohl ihn Elsas Vorhaben verständlicherweise besorgte.

Elsa und Ethel begannen Hilfen für die Gefangenen zu organisieren. Denn beiden war klar, dass die ohnehin geschwächten Männer so ungenügend ausgerüstet keinen sibirischen Winter überleben würden. Ihr Ziel: Jeder Gefangene sollte einen Rucksack erhalten mit jeweils zwei Hemden, Unterhosen, Strümpfen, Handschuhen, Pulswärmern, außerdem Schal, Taschentücher, Hosenträger, Seife, Löffel, Essschale, Zahnbürste, Kamm, Nähzeug. Dafür bildeten sie ein Hilfskomitee des schwedischen Roten Kreuzes für die Kriegsgefangenen aller Nationen, fuhren nach Berlin, um dort mit Regierungsvertretern zu sprechen. Deutschland und Österreich baten daraufhin das schwedische Rote Kreuz, den Transport nach Sibirien zu übernehmen – und Elsa und Ethel beschlossen, die Austeilung der Hilfsgüter vor Ort zu kontrollieren. Als die entrüstete Petersburger Gesellschaft Elsas Vater auf die Aktivitäten seiner Tochter ansprach, erwiderte er: »Niemand kann einen Menschen daran hindern, das zu erfüllen, was er als seine Aufgabe erkennt!«

Der » Engel von Sibirien «

Die beiden jungen Krankenschwestern allerdings ahnten wohl kaum, worauf sie sich eingelassen hatten. Die 7.000 Kilometer lange Wegstrecke erwies sich als äußerst mühsam; Schneeverwehungen, technische Pannen und Stürme hielten sie auf. Nach einigen Wochen erreichten sie endlich ihr Ziel: das östlich vom Baikalsee gelegene Lager bei Srjetensk, wo 11.000 deutsche Gefangene untergebracht waren. Hier wütete das Fleckfieber, eine gefährliche Infektionskrankheit, deren Erreger über den Kot der Kleiderläuse übertragen wurden. Die russischen Wachmannschaften hatten sich aus Angst vor Ansteckung zurückgezogen, das Lager befand sich in einem weiträumigen Sperrbezirk. Davon, dass die Schwestern mit ihren Gütern herzlich willkommen geheißen wurden, konnte keine Rede sein. Der Lagerkommandant zeigte offen seine Ablehnung: »Sie bringen Unruhe in mein Lager. Wir kommen miteinander zurecht. Die Gefangenen wissen, dass sie in Gefangenschaft leben«, sagte er und stellte erst nach Tagen die erforderliche Erlaubnis zum Besuch des Lagers aus. Die Zustände dort in den Baracken übertrafen die schlimmsten Befürchtungen der beiden Frauen: überfüllte Hallen, Männer in zerrissenen, mühsam zusammengehaltenen Uniformen, in den Baracken ein fürchterlicher Gestank nach Kot, Unrat, fauligem Stroh, Kranken und Toten. Elsa wich zurück, musste sich übergeben, rannte dann zum Kommandanten zurück, schrie ihn an, der gerade in Ruhe eine Zigarette rauchen wollte, bat ihn schluchzend mitzukommen. Als der Mann sich selbst ein Bild gemacht hatte, zeigte er sich überrascht, gab stammelnd zu, das Lager noch nie betreten zu haben – und war nunmehr dankbar für die Unterstützung. Elsa und Ethel halfen, unter Mitarbeit des Kommandanten und seiner Untergebenen, gaben insgesamt 30.000 Rubel aus. Sie richteten ein Krankenhaus mit 550 Betten ein, eine Schneiderei und eine Tischlerei, kauften Decken, Geschirr, Instrumente, Schlitten, Pferde. Die Gefangenen bekamen neue Wäsche. All diese Arbeiten waren für die beiden Frauen nicht ohne Risiko, Elsa erkrankte selbst an Fleckfieber, wurde aber von Ethel Tag und Nacht gepflegt und auch wieder sicher nach Petrograd gebracht.

Wieder zurück in ihrer Familie, war es ihr jetzt unmöglich, mit dem Engagement für die Kriegsgefangenen aufzuhören – zu viel Elend hatte sie gesehen. Und sie wusste, dass es allen anderen Gefangenen auch nicht besser ging als denen von Srjetensk. Es folgten weitere Reisen Elsas als Gesandte des schwedischen Roten Kreuzes, auf denen sie in Lager kam, in denen die Situation der Gefangenen noch weitaus schlimmer war. In dieser Zeit starben fast 80 Prozent der deutschen und österreichischen Kriegsgefangenen in den russischen Lagern. Brändström besuchte in diesen Jahren etwa 700.000 Kriegsgefangene – »Engel von Sibirien« nannte man sie. Dank der von ihr aufgebauten schwedischen Hilfsorganisation konnte sie mehr

Nahrungsmittel in die Lager schicken, die medizinische Versorgung verbessern und auch Einfluss auf die Behandlung der Gefangenen nehmen. Aufgrund ihrer Intervention wurde zum Beispiel ein Lagerkommandant entlassen, der Gefangene auspeitschen ließ.

Zwei Ehrendoktortitel würdigten ihr Engagement

Mit Unterstützung von Ethel organisierte Elsa Gelder und Spenden, sprach persönlich in den Königshäusern vor; ihr Vater hielt die Fäden der Spendenorganisation in den Händen.

Mit der Oktoberrevolution 1917 und unter den neuen kommunistischen Herrschern wurde Elsas Engagement in Russland jedoch zunehmend erschwert. 1918 entzog man ihr die Arbeitserlaubnis und – als sie dennoch weitermachte – verhaftete man sie 1920 in Sibirien. Nun ging sie zurück nach Schweden und agierte von dort aus. Auf einen Aufruf an die schwedischen Bürger, der landesweit ausgehängt wurde und eine unglaubliche Resonanz fand, konnten innerhalb kürzester Zeit Rucksäcke für 30.000 Kriegsgefangene von Schweden nach Sibirien geschickt werden. 1921 veröffentlichte Elsa ihr Buch »Unter Kriegsgefangenen in Russland und Sibirien 1914–1921«. Im selben Jahr eröffnete sie in Deutschland, in der Nähe von Berlin und in Sachsen, Einrichtungen für die Kinder von Kriegsgefangenen und mehrere Sanatorien und Erholungsheime für die Heimkehrer aus Sibirien. Über 100.000 Dollar sammelte sie dafür auf Vorträgen in den USA, wohin sie 1923 reiste. Eine Vortragsreise durch Schweden schloss sich an. Ihr Engagement wurde in Schweden mit einer Ehrendoktorwürde der Universität Uppsala gewürdigt, ebenfalls erhielt sie 1927 einen Ehrendoktortitel der Universität Tübingen.

Startschuss für die CARE-Pakete

1929, mit 41 Jahren, heiratete Elsa Brändström den Pädagogikprofessor Robert Ulich und zog mit ihm nach Dresden, drei Jahre später kam dort ihre Tochter Brita auf die Welt. Eine Einladung von Hitler lehnte Elsa ab; als Ulich eine Gastprofessur im amerikanischen Cambridge angeboten bekam, emigrierte die Familie. Auch in Amerika hörte Elsa nicht auf, sich für hilfsbedürftige Menschen einzusetzen. Insbesondere jüdischen Flüchtlingen aus Deutschland und Österreich versuchte sie, den Neubeginn in den USA zu erleichtern. Und nach dem Zweiten Weltkrieg startete sie in den USA Hilfsaktionen für Not leidende Kinder in Deutschland, sammelte Kleidung, die in auch als kleine Schränke verwendbaren Holzkisten verschickt wurden – Vorläufer der berühmten CARE-Pakete (»Cooperative for American Relief in Europe«).

Mit 59 Jahren starb Elsa Brändström an Knochenkrebs. »Ein zufriedener Mensch«, so schrieb sie einmal, »besitzt die Fähigkeit der Selbstkontrolle, aber nicht jene Art der Selbstkontrolle, die darin besteht, alles zu ertragen und mit allem zufrieden zu sein, sondern vielmehr jene Selbstkontrolle, die die Fähigkeit gibt, zu kämpfen, zu warten und langsam, ohne Selbstgerechtigkeit, ans Ziel zu kommen. Ein zufriedener Mensch besitzt die Kraft und die Stärke, die nötig ist, das Leben nicht zu fürchten.«

Marie-Madelaine Fourcade

1909–1989 Widerstandskämpferin

Am 14. Juni 1940 erobern deutsche Truppen Paris. Im besetzten Frankreich werden das politische und gesellschaftliche Leben in den nächsten vier Jahren von der Naziideologie bestimmt. Viele Franzosen setzen sich dagegen zur Wehr und gehen in den Widerstand (*Résistance*). Marie-Madelaine kommt aus einer großbürgerlichen Familie, sie liebt das Klavierspiel, übt jeden Tag acht Stunden und möchte eine große Pianistin werden. Dass sie stattdessen eine der wichtigsten Spioninnen ihres Landes werden wird, hat sich wohl niemand vorstellen können. Um das Terrorregime der deutschen Besatzer durch Sabotage schwächen, Verhafteten helfen und verfolgte Juden schützen zu können, muss ein feinmaschiges Netzwerk aus mutigen und zuverlässigen Menschen gebildet werden. Über 3.000 Franzosen schließen sich der Untergrundorganisation »Alliance« an, deren Führung Marie-Madelaine anvertraut wird. Es ist eine Aufgabe, bei der sie ständig in Lebensgefahr schwebt – über 600 Mitglieder der »Alliance« sterben, weil sie verraten oder entdeckt werden, doch Marie-Madelaine lässt sich nicht einschüchtern. Für ihre Landsleute und auch für ihre zwei Kinder kämpft sie für ein freies Frankreich, das sie nach dem Sieg über Hitlerdeutschland selbst auch noch erleben kann.

Lida Gustava Heymann

1868–1943 Frauenrechtlerin

Reger Betrieb herrschte im Wartezimmer des Hamburger Stadthauses an jenem Tag, an dem Lida Gustava Heymann sich unauffällig unter die dort versammelten Prostituierten mischte. Hier, im Hauptsitz der Polizei am Neuen Wall zwischen Altstadt und Neustadt, mussten die Straßenmädchen sich regelmäßigen Kontrollen unterziehen. Respektvollen Umgang durften sie nicht erwarten, vor den Gutaussehenden balzte man, die Übrigen wurden bestenfalls beschimpft und beleidigt; geduzt wurden sie dabei alle. »Na, nun komm du mal her«, fuhr einer der Polizisten schließlich Lida Gustava Heymann an, woraufhin sie direkt ins Zimmer des Ersten Vorgesetzten durchmarschierte und heftig protestierte. Der Vorgesetzte war peinlich berührt und bedauerte sehr, dass mit einer ehrbaren Dame wie ihr so taktlos umgegangen worden sei. Doch das war nicht das Problem: Gegen die »unverschämte Zudringlichkeit von Beamten der Sittenpolizei« könne sie sich allein schützen, es gehe ihr einzig um den beschämenden Umgang mit den Frauen und das Ausnutzen ihrer Situation. »Von dieser Zeit an«, schreibt sie später in ihrer Autobiografie, »war ich nicht mehr wie früher bei der Polizei *persona gratissima.*«

Situationen wie diese sind symptomatisch für das Engagement Lida Gustava Heymanns. Um sich möglichst hautnah von den Fakten überzeugen und gute Aufklärungsarbeit leisten zu können, nutzte sie höchst unkonventionelle Mittel. So führten ihre »verdeckten Ermittlungen« schon mal durch das eine oder andere Vergnügungslokal St. Paulis, oder sie veranlasste die Garderobenfrauen von »Prostituiertenbällen«, den Teilnehmerinnen Flugblätter über organisierten Beistand zuzustecken. Dabei ging es ihr keinesfalls um eine sittliche Unterweisung der Straßenmädchen. Attackiert wurden neben den ausbeutenden Freiern und Zuhältern vor allem die städtischen Behörden, die den »Handel« auf offener Straße zwar verboten, am Bordellbetrieb aber kräftig mitverdienten. »Ich ging den Dingen nach und erfuhr, daß die Männer unter dem Vorwand hygienischer Notwendigkeit zur Befriedigung ihres überzüchteten Sexuallebens wahre Lasterhöhlen schufen, in denen die Frauen misshandelt, zur Ware gestempelt, ausgebeutet und obendrein als Paria gebrandmarkt wurden.« Das waren harte Worte – sehr viel radikaler formuliert, als es bei der gemäßigten Frauenbewegung um Gertrud Bäumers Bund Deutscher Frauenvereine der Fall war, welcher eher an die Moral der Prostituierten als an die des Staates appellierte.

Die Aufklärungsarbeit, die Lida Gustava Heymann betrieb, war professionell organisiert. Ausreichende Mittel dafür standen ihr als Kind wohlhabender Eltern zur Verfügung. Der Vater war ein Hamburger Kaufmann, ein Freigeist und Bismarck-Gegner, der ein Vermögen im Kaffeehandel gemacht und eine 30 Jahre jüngere Frau geheiratet hatte. Seine fünf Töchter wuchsen wohlversorgt, aber isoliert auf einem Anwesen im noblen Vorort Harvestehude auf. Schon früh war Lida Gustava Heymann klar, dass sie das Schicksal ihrer Schwestern, die nach und nach in den ostdeutschen Landadel einheirateten, nicht teilen wollte. Die Erfahrungen der Schwestern und die Lektüre der gesellschaftskritischen Dramen Henrik Ibsens – ein absolutes Schlüsselerlebnis für sie – ließen den Entschluss reifen, ledig zu bleiben. Sie setzte sich gegenüber ihrem Vater damit durch und übernahm nach seinem Tod die Verwaltung des vielfältig angelegten Familienvermögens. Keine leichte Aufgabe, da das Hamburger Nachlassgericht mit allen Mitteln versuchte, die Mündigkeit einer Frau als Verwalterin eines Erbes, noch dazu eines beträchtlichen, rechtlich zu boykottieren. Auch hier behielt Lida Gustava Heymann aber schließlich die Oberhand: Sie wies einen über 600 Jahre zurückliegenden Präzedenzfall nach, woraufhin die Behörde klein beigeben musste.

»Erst malte ich in hellen Farben Schönheiten und Vorzüge Hamburgs, dann machte ich klar, daß wir Frauen nicht länger gewillt seien, Vogel-Strauß-Politik zu betreiben und den Kopf in den Sand zu stecken; ich begann, die Kehrseite der lieben Vaterstadt zu schildern. Als ich auf die öffentlichen Straßen und Bordelle zu sprechen kam, erhob sich der überwachende Beamte, setzte seinen Helm auf und erklärte die Versammlung für geschlossen.«

Mit dem Kapital wurde zunächst ein Mittagstisch für Arbeiterinnen mitsamt Kinderhort in der Rathausstraße eingerichtet. Doch der Andrang war so groß, dass es bald erhebliche Platzprobleme gab. Lida Gustava Heymann erwarb darauf ein Haus in der Paulstraße, zentral gelegen und großzügig ausgestattet, und gründete dort ein Frauenzentrum – das erste seiner Art in Deutschland: Neben Mittagstisch und Kinderhort beherbergte es eine Rechtsberatung, eine Berufsorganisation für Schauspielerinnen, einen Verein für

Kleider-Reform, eine Handelsschule mit Arbeitsvermittlung und schließlich den Hamburger Zweigverein der Internationalen Abolitionistischen Föderation, den Verein, der die staatliche Reglementierung der Prostitution bekämpfte.

Die Hamburger Ortsgruppe des Allgemeinen Deutschen Frauenvereins, bei dem Lida Gustava Heymann aktives Mitglied war, erschien ihr auf Dauer nicht radikal genug. »Ortsgrube« taufte sie diese, sah sie eher als Kaffeekränzchen alter Damen. Trotzdem reiste sie als Delegierte 1896 zu einem Berliner Kongress, auf dem sie ihre spätere Lebensgefährtin Anita Augspurg kennenlernte, eine Gleichgesinnte, mit der sie 1902 in Hamburg schließlich den Verein für Frauenstimmrecht gründete. Natürlich war den lokalen Behörden auch das Engagement Anita Augspurgs ein Dorn im Auge. Großes Aufsehen erregte ein Prozess, den die Hamburger Justiz 1906 gegen sie anstrengte: Nachdem es im Anschluss an eine Demonstration gegen Wahlrechtsbeschränkungen zu massiven Übergriffen der Hamburger Polizei gekommen war, attackierte Anita Augspurg diese in der Presse nachhaltig, woraufhin sie im Eilverfahren zu einer Geldstrafe wegen Beleidigung verurteilt wurde. Die Prozesse aber, die Lida Gustava Heymann zuvor initiiert hatte – gegen einen Bordellbesitzer wegen Kuppelei und anschließend gegen den Hamburger Senat wegen Justizverweigerung –, wurden verschleppt und trugen ihr nichts als Gegenklagen ein; sicherlich mit ein Grund dafür, dass sie Hamburg schließlich verließ und mit der Lebensgefährtin nach München ging.

In München dehnten sich die Betätigungsfelder Lida Gustava Heymanns weiter aus. Mit Anita Augspurg gab sie ab 1919 die Zeitschrift *Die Frau und der Staat* heraus, ein Forum für feministische, pazifistische und linksdemokratische Positionen, das bis 1933 erschien. In der Münchner Räterepublik kandidierten beide Frauen für die USPD, die Unabhängige Sozialdemokratische Partei Deutschlands, und unterstützten Kurt Eisner als Ministerpräsidenten, woraufhin sie nach dem Ende der Novemberrevolution vorübergehend in die Schweiz exilieren mussten. Das Leben in Deutschland wurde für sie immer gefährlicher. Nach dem gescheiterten Putschversuch der Nationalsozialisten 1923 erfuhren sie, dass ihre Namen auf Hitlers Liste der zu liquidierenden Personen ganz oben standen. Zehn Jahre später ereilte sie während eines Aufenthaltes auf Mallorca die Nachricht von der Machtübernahme durch die Nationalsozialisten, und sie konnten nicht mehr nach Deutschland zurückkehren; ihr Vermögen wurde konfisziert. Wiederum zehn Jahre darauf, im Juli 1943, starb Lida Gustava Heymann in ihrer Züricher Dachwohnung, nur ein paar Monate vor dem Tod Anita Augspurgs. – Das Ende des Naziregimes haben beide nicht mehr erlebt.

Florence Nightingale

1820–1910 Krankenschwester

Für die Eltern ist der Berufswunsch Krankenschwester ihrer Tochter Florence ein Schock. Die Familie gehört der englischen Oberschicht an, man hat reich geerbt und ausgesorgt. Der Beruf der Krankenschwester existiert Mitte des 19. Jahrhunderts in England eigentlich noch gar nicht, in den Hospitälern wird üblicherweise einfaches, ungelerntes Personal beschäftigt. Die hygienischen Verhältnisse sind verheerend, Krankheiten wie Cholera, Typhus, Tuberkulose oder Fleckfieber breiten sich aus. Doch Florence fühlt sich berufen, Menschen zu helfen. Zur Ausbildung geht sie in das Diakonissenhaus in Kaiserswerth bei Düsseldorf und nach Paris und sammelt darüber hinaus statistisches Material als Grundlage für einen systematischen Aufbau einer organisierten Krankenpflege. Als 1854 der Krimkrieg zwischen Russland und dem Osmanischen Reich wütet, bekommt Florence Nightingale den Auftrag, in Skutari (heute ein Teil Istanbuls; damals Konstantinopel) ein Militärlazarett für verwundete britische Soldaten einzurichten und zu versorgen. Nach dem Ende des Krieges kehrt sie 1856 nach London zurück und engagiert sich in den folgenden Jahrzehnten für die Reform des Sanitätswesens. 1860 gründet sie eine eigene Schule zur Ausbildung von Krankenschwestern.

Marlene Dietrich

1901–1992 Schauspielerin

Mut entsteht aus zweierlei: zum einen aufgrund von Verzweiflung, durch die Urinstinkte zum Tragen kommen, die die Betroffenen mit ungeahnter Tapferkeit, Stärke und Willenskraft reagieren lassen, oder zum anderen als Folge kühler und zielstrebiger Überlegung. Hier trifft der Mensch mit Bedacht die Entscheidung, zu tun, was er für richtig hält. Die Franzosen nennen dies *sang-froid*.

Woher Marlene Dietrich ihre Entschlossenheit nahm, Hitler und den Nationalsozialismus zu bekämpfen – wir wissen darüber wenig. Sicher aber ist: Es war nicht zufällig. Es war ihr Wille, den sie mit teutonischer Beharrlichkeit umsetzte, und es war auch das Produkt einer Welt, in der sie groß geworden war: das Berlin ihrer Jugend, das geprägt war von einer Geschichte der Kultur und Toleranz. Der Nationalsozialismus, der mit diesen humanistischen Traditionen brach, war ihrer Berliner Natur zutiefst zuwider. Die Nazis und Marlene Dietrich – sie standen sich unversöhnlich gegenüber.

Die Nazis ertrugen keine Einzigartigkeit. Marlene Dietrich war durch und durch einzigartig. Sie wollte eine moderne Künstlerin sein, die das Publikum in einem Maße bewegt, verzaubert und begeistert, wie es vorher noch niemandem gelungen war; sie verbat sich den Ausdruck

Schauspielerin und strebte nach einem eigenen Stil, der dereinst Maßstäbe setzen würde.

Die Nazis eliminierten die Selbstbestimmung des Menschen. Marlene Dietrich zählte zu den unabhängigsten Frauen des 20. Jahrhunderts. Früh verschaffte sie sich eine eigene Identität, verband ihre Vornamen Marie und Magdalene zu Marlene; die Damenmode der Zwanzigerjahre war ihr hinderlich, also schuf sie einen eigenen Stil, trug legere Herrenanzüge; nachdem von Sternberg nicht mehr als ihr Mentor zur Verfügung stand, nahm sie ihre Karriere selbst in die Hand.

Die Nazis billigten weder Rassen- noch Religionsvielfalt. Marlene Dietrich achtete die unterschiedlichen Rassen und Religionen, schätzte sie als unentbehrlich für die menschliche Kultur; in Südafrika stellte sie schwarze Musiker an; in Israel durfte sie keine deutschen Texte singen, tat es aber trotzdem; und sie half heimlich, jene zu retten, die vom Naziregime verfolgt waren.

Die Nazis verfolgten die Oppositionellen. Marlene Dietrich bekämpfte das Hitlerregime. Sie tat es wohl wissend, dass sie sich und ihre Familie damit großer Gefahr aussetzte; sie sammelte mehr Geld in Form von Kriegsanleihen für den Zweiten Weltkrieg als jeder andere Künstler; sie sang für die amerikanischen Soldaten an der Front in Algerien, Italien, England und schließlich in den wiedereroberten Gebieten Frankreichs und Deutschlands.

Die Nazis kannten keine Vergebung. Marlene Dietrich vergab den Deutschen tausendmal. 1960 ging sie nach Deutschland, um herauszufinden, wie stark ihr Engagement gegen den Nationalsozialismus in Zukunft sein müsste, und um ihren Landsleuten zu zeigen, dass sie ihnen vergab, unabhängig davon, ob man auch ihr vergab.

Marlene Dietrich war – und ist – ein einzigartiges Beispiel für eine Frau mit Courage. Ihren mit kühler Beherrschung gepaarten Mut, jenen *sang-froid*, haben nur Wenige. Sie war zu Recht stolz auf das, was sie geleistet hatte, relativierte ihren Beitrag aber immer mit der Bemerkung, er sei nicht zu vergleichen mit auch nur einem einzigen Leben eines Soldaten. Diese Selbstbeurteilung sollte als entscheidender Akt ihres *sang-froid* gesehen werden, der Fähigkeit, die Wahrheit in sich selbst und den anderen zu erkennen – eine mutige Tat.

»Zu Beginn ist es die Unschuld, die Mut erzeugt, später der pure Optimismus.«

Bertha von Suttner

1843–1914 Friedensaktivistin

Am 18. April 1906 nahm die Pazifistin Bertha von Suttner in der norwegischen Hauptstadt Christiania als erste Frau den Nobelpreis entgegen, der ihr im Dezember des Vorjahres verliehen worden war. Wie so oft schaffte es die charismatische »Friedensbertha«, vom Podium aus zu überzeugen: »Dann trete ich vor und alle erheben sich. Rede gelingt und hat starken Beifall …«, notierte sie in ihr Tagebuch.

Die Aufmerksamkeit der Weltöffentlichkeit war über viele Jahre hart erkämpft und nicht immer nur von Beifall gesegnet. Als Bertha von Suttner ihre Mission für den Frieden startete, war sie Mitte 30. Drei Verlobungen waren gescheitert, der Traum, als geborene Gräfin Kinsky von Wchinitz und Tettau in den Wiener Hochadel einzuheiraten, geplatzt – war Bertha doch Spross einer in der höfischen Gesellschaft verpönten *Mesalliance* zwischen einem Grafen und einer Dame niederen Adels. Auch eine jahrelang angestrebte Karriere als Sängerin hatte nicht sollen sein. Außerdem hatte die auf großem Fuß lebende Mutter das geerbte Geld durchgebracht. Enttäuscht, aber nicht entmutigt, nahm Bertha eine Stelle als Gouvernante im Hause des Wiener Freiherrn von Suttner in der Canovagasse, mit Blick auf Karlskirche und Wiener Musikverein, an und verliebte sich dort in Arthur, den um sieben Jahre jüngeren Sohn des Hauses.

Die Zuneigung war beiderseitig, wurde aber von Arthurs Eltern nicht geduldet. Bertha musste das Haus verlassen, was sich als Glück im Unglück erwies: Sie bewarb sich auf eine Zeitungsannonce und wurde Sekretärin bei keinem Geringeren als dem Erfinder des Dynamits, Alfred Nobel, in Paris. In seinen Diensten machte sich Bertha von Suttner erstmals Gedanken über Krieg und Frieden. Mit Nobel sollte sie eine lebenslange Freundschaft verbinden. Wäre es nach ihm gegangen, hätte aus der Bekanntschaft eine Ehe werden können, doch Bertha folgte ihrem Herzen: Am 12. Juni 1876 heirateten sie und Arthur Gundaccar Freiherr von Suttner gegen den Willen seiner Eltern heimlich in Wien und flüchteten wenig später in eine ungewisse Zukunft in den Kaukasus. Sie fanden Aufnahme am Hofe der befreundeten Fürstin von Mingrelien, jedoch plagten Geldsorgen das Paar. Hier erwies sich Berthas Erziehung als Tochter aus gutem Hause als nützlich: Sie unterrichtete adelige Töchter in Gesang und Klavierspiel.

Bertha ließ sich Bücher in die Fremde schicken, befasste sich mit Philosophie, Geschichte und der Evolutionslehre Charles Darwins. Als 1877 der Russisch-Türkische Krieg ausbrach, fand Arthur von Suttner in Korrespondentenberichten eine neue Einnahmequelle. Von der schriftstellerischen Arbeit ihres Mannes angetan, versuchte sich auch Bertha an einem Feuilleton (Aufsatz) und schickte es unter dem Pseudonym B. Oulot an die Wiener *Neue Freie Presse* (seit 1946 *Die Presse*). Freudig empfing sie ihr erstes Honorar.

Mit Fortsetzungsromanen verdiente Bertha nun gutes eigenes Geld. Noch betrachtete die später so unbeirrbare Friedenskämpferin Kriege als »Dinge, ... die sich ebenso notwendig und regelmäßig und außer aller menschlichen Einflußsphäre abspielen, wie Vorgänge im Erdinnern und am Firmament; man hat sich also darüber nicht zu ereifern«. Dies änderte sich, als Bertha die andere Seite des Krieges in den Lazaretten und Notlagern realisierte. Sie erkannte, wie viel Leid den Verwundeten erspart bliebe, würde man erst gar keinen Krieg anzetteln. Welch großen Einfluss der Mensch darauf hat, wurde ihr nun schmerzlich bewusst.

Ab 1882 brachte Bertha jährlich ein literarisches Werk heraus. Ihre neuen pazifistischen Anschauungen vermittelte sie 1883 unter anderem in dem Buch »Inventarium einer Seele«: »Abrüstung! Als ich dieses Wort niederschrieb, stiegen mir vielerlei Gedanken auf, die mich oft über die Frage des Weltfriedens beschäftigt haben ... Der Begriff ›Frieden‹ ist auch eine meiner Freuden, einer meiner Glaubensartikel.« Auf die Frage, ob man mit dem Bücherschreiben Geld verdienen könne, verhieß ihr der Redakteur einer Wiener Zeitung: »Nein, rund heraus. Wenigstens Sie nicht und nicht mit solchen Büchern, wie Sie sie meinen und wie Sie sie in die Welt setzen möchten. ... Sie wissen ja so gut wie ich, daß der größte Mist oft eine Menge Auflagen erlebt. Sie können und werden dahin gelangen, auch mit Büchern to make money, aber da müssen Sie erst bekannt und berühmt werden – Sie werden es!«

Die Prophezeiung sollte sich sechs Jahre später bewahrheiten: 1885 waren die Suttners nach Österreich zurückgekehrt, wo ihnen Arthurs Familie die heimliche Heirat und Flucht inzwischen verziehen hatte. Bertha schrieb weiterhin Essays und Bücher, in denen sie wiederholt für die Rechte der Frau eintrat. 1889 gelang ihr mit dem Roman »Die Waffen nieder!« ihr größter Wurf. Das Buch erschien erstmals unter ihrem richtigen Namen. Mit einem Schlag war sie international bekannt. »Der Friedensliga wollte ich einen Dienst leisten – wie konnte ich das besser tun, als indem ich ein Buch zu schreiben versuchte, das ihre Ideen verbreiten sollte?«, schrieb Suttner in ihren Memoiren.

In ihrem Roman lässt die Autorin die Figuren für sich sprechen: Detailgetreu recherchiert, erzählt sie die Geschichte der jungen Wienerin Martha, deren Schicksal eng mit den Kriegen des 19. Jahrhunderts verknüpft ist. Bewusst und schonungslos schildert von Suttner die Gräuel auf den Schlachtfeldern, den Alltag in den Lazaretten, das Elend der Frauen und Kinder. Der Großteil der Bevölkerung hatte noch nie von solchen Einzelheiten des Krieges gehört. Die brutal geschilderten Tatsachen, noch dazu beschrieben von einer Frau, polarisierten: Man konnte nur entweder Anteil nehmen oder das Buch komplett ablehnen. Entsprechend geteilt waren die Reaktionen. Der Roman erzielte 37 Auflagen, wurde in zwölf Sprachen übersetzt, vielfach rezensiert und zu einem der größten Bucherfolge des Jahrhunderts. In den USA, ganz Westeuropa und Russland wurde über das Werk diskutiert. Die aufstrebende Friedensbewegung gewann durch das Buch deutlich an Zuspruch. Suttners konservative Gegner hingegen reagierten mit öffentlichem Spott und Ablehnung.

»Der Friedensliga wollte ich einen Dienst leisten – wie konnte ich das besser tun, als indem ich ein Buch zu schreiben versuchte, das ihre Ideen verbreiten sollte?«

Noch war die Pazifistin Suttner nur auf dem Papier aktiv, denn: »Mich selber an der Sache zu beteiligen – anders als durch die Feder –, kam mir noch gar nicht in den Sinn.« Im Winter 1890/91 verhalf Bertha dem englischen Pazifisten Felix Moscheles zur Gründung einer Friedensgesellschaft in Venedig. Bertha wurde in der internationalen Friedensbewegung aktiv und versuchte nun, auch in Österreich eine Friedensgruppe aufzubauen. Am 30. Oktober 1891 konnte sie bereits die Gründung der Österreichischen Friedensgesellschaft mit 2.000 Mitgliedern für sich verbuchen. Sie selbst wurde deren Präsidentin, Gesellschaften in Berlin und Budapest folgten.

Im November 1891 vertrat die eiserne Kämpferin ihre Anliegen beim dritten Weltfriedenskongress im römischen Kapitol erstmals vor internationalem Publikum. Ihre ganze Energie ging in den Folgejahren in der Friedensarbeit auf, unterstützt wurde sie dabei von ihrem Lebensmenschen Arthur. Mit größter Freude empfing sie 1898 die Nachricht von der geplanten Friedenskonferenz in Den Haag, ausgehend von einem Manifest des russischen Zaren Nikolaus II. Die Schriftstellerin war als einzige Frau zur Eröffnung zugelassen und betätigte sich während des Ereignisses auch als Journalistin. Schon seit Längerem schrieb sie hochwertige Beiträge für diverse internationale Blätter. Sie trug damit maßgeblich zur Eroberung des Zeitungswesens durch Frauen bei.

Die Konferenz brachte kaum konkrete Ergebnisse. Eines davon war die Unterzeichnung einer Konvention zur friedlichen Schlichtung internationaler Konflikte, die Vorstufe zu internationalen Schiedsgerichten. Die Abrüstungskommission hingegen scheiterte. Bertha kämpfte unermüdlich weiter. Persönliche Anfeindungen blieben ihr nicht erspart. Umso überzeugter feierte sie 1905 ihren größten Triumph: Das Komitee zur Vergabe des 1901 gegründeten Nobelpreises beschloss, Bertha von Suttner als erster Frau den Friedensnobelpreis zu verleihen. Sie selbst war es gewesen, die ihren, bereits 1896 verstorbenen, Freund Alfred Nobel Jahre zuvor zu einem solchen Preis angeregt hatte.

Berthas letzte Lebensjahre waren geprägt von Vortragsreisen in alle Welt, bei denen sie vehement vor einem drohenden Weltkrieg warnte. Sie hatte die Zeichen der Zeit erkannt – zu erleben, wie recht sie hatte, blieb ihr zum Glück erspart: Erschöpft von der jahrelangen Aufopferung für den Frieden, starb Bertha von Suttner am 21. Juni 1914 in Wien an Magenkrebs. Nur sieben Tage später fielen in Sarajevo Schüsse: Das Attentat auf den österreichischen Thronfolger Franz Ferdinand und seine Frau Sophie läutete den Ersten Weltkrieg ein.

32170

Rosa Parks

1913–2005 Bürgerrechtlerin

Am 1. Dezember 1955 sitzt die damals 41-jährige Rosa Parks in einem Bus in Montgomery, Alabama. Zu dieser Zeit herrscht, vor allem in den Südstaaten der USA, noch strikte Rassentrennung. In öffentlichen Verkehrsmitteln darf Rosa sich als Schwarze nicht überall hinsetzen und muss unter Umständen für einen weißen Mitfahrer den Platz räumen. Als der Busfahrer Rosa Parks auffordert, für einen weißen Mann aufzustehen, entscheidet sie sich dagegen. »Mir taten die Füße weh«, sagte sie später in einem Interview. Aber sie blieb auf ihrem Platz vor allem sitzen, weil sie der Ansicht war, dass auch Schwarzen ein Platz zusteht – egal ob im Bus oder in der Gesellschaft. An diesem 1. Dezember wurde Rosa Parks zwar verhaftet und zu einem Bußgeld verurteilt, aber sie hatte damit den Anstoß gegeben, der nicht nur zur Aufhebung der Rassentrennung in Bussen und Zügen führte, sondern auch die Bürgerrechtsbewegung im wahrsten Sinne des Wortes in Bewegung setzte. »Das Ganze war nicht geplant. Es passierte einfach, dass der Fahrer mir etwas befahl, und ich einfach keine Lust hatte, diesem Befehl zu gehorchen. Ich war ziemlich müde nach einem langen Arbeitstag.« Dieser Moment des Widerstands hat das Leben von Rosa Parks für alle Zeiten verändert, die von nun an entweder bewundert oder gehasst wurde.

Käthe Kollwitz

1867–1945 Künstlerin

Wo nehmen alle die Frauen, die aufs Sorgfältigste über das Leben ihrer Lieben gewacht haben, den Heroismus her, sie vor die Kanonen zu schicken?« Am 27. August 1914 notiert Käthe Kollwitz diesen Satz. Zwei Wochen zuvor hat sich Peter, der jüngere ihrer beiden Söhne, freiwillig für den Einsatz an der Front gemeldet. Trotz der Angst, ihren Sohn zu verlieren, geben die Eltern dem noch nicht Volljährigen widerstrebend die erforderliche schriftliche Erlaubnis. Gegen den Überschwang seiner patriotischen Gefühle kommen auch sie nicht an. Am darauf folgenden 10. Oktober hängen auch sie, »Sozialdemokraten, die wir bewusst sind und bleiben«, erstmals die schwarz-weiß-rote Fahne des Kaiserreichs heraus. Es ist der Tag der Einnahme Antwerpens durch deutsche Truppen ebenso wie der Vereidigung Peters, und Käthe Kollwitz sieht ein: Das Vaterland muss verteidigt werden. Nur wenige Wochen später, am 22. Oktober, fällt Peter Kollwitz, gerade 18 Jahre alt.

Lange ist Käthe Kollwitz von ihrem Schmerz wie gelähmt. Immer wieder stellt sie sich die Frage, ob sie recht getan haben, ihren Sohn ins Feld ziehen zu lassen – und wofür? Doch dann verbietet sie sich solche Gedanken wieder, denn »die Soldaten stehn im Feld und geben ihr Leben, dann wollen sie nicht angezweifelt haben, ob es sich auch lohnt für diese Sache …« Ein Denkmal will sie Peter schaffen, ihm und all den jungen Männern, die ihr Leben geben für das Vaterland. Auf den Höhen von Schildhorn über der Havel soll es stehen, und bei seiner Einweihung an einem herrlichen Sommertag sollen die Gemeindeschulkinder singen: »Kein schönrer Tod ist auf der Welt als wer vorm Feind erschlagen.« So plant Käthe Kollwitz es Ende 1914.

Eine solche Glorifizierung des Heldentods überrascht, verehren wir Käthe Kollwitz heute doch eingedenk ihres ausdrucksstarken künstlerischen Werks als eine Protagonistin der Antikriegsbewegung. Weltweit kennt man ihre Grafik mit der eindringlichen Forderung »Nie wieder Krieg« als einen Aufschrei gegen Gewalt, der keinen Zweifel an der pazifistischen Haltung der Künstlerin lässt. Sie entsteht 1922, und sie schreibt: »*Ich will wirken* in dieser Zeit, in der die Menschen so ratlos und hilfsbedürftig sind.«

Bis hierher ist Käthe Kollwitz einen steinigen, von inneren Widersprüchen gepflasterten Weg gegangen. Sie hat sich intensiv mit der künstlerischen Gestaltung des Denkmals für ihren gefallenen Sohn auseinandergesetzt, doch es mag ihr nicht gelingen. Während das Sinnlose des Krieges immer deutlicher hervortritt, ringt sie um eine klare politische Haltung und findet in ihrem Zwiespalt trotz vieler Versuche zu keiner endgültigen Form.

1916 formuliert Käthe Kollwitz erstmals klar ihre Zweifel an der Berechtigung und Sinnhaftigkeit des Krieges, wenn sie schreibt: »Ist es jetzt treulos gegen dich – Peter –, dass ich nur noch den Wahnsinn jetzt sehen kann im Kriege?« Und an anderer Stelle: »Peter, Erich, Richard, alle stellten ihr Leben unter die Idee der Vaterlandsliebe. Dasselbe taten die englischen, die russischen, die französischen Jünglinge. Die Folge war das Rasen gegeneinander, die Verarmung Europas am Allerschönsten. Ist also die Jugend in all den Ländern betrogen worden?«

Im Oktober 1918 schließlich fordert sie – ohne jeden Zweifel: »Es ist genug gestorben! Keiner darf mehr fallen!«

Sie wendet sich neben der Bildhauerei wieder verstärkt der Grafik zu, in der es ihr nun eindrucksvoll gelingt, das unendliche Leid des Krieges in eine mahnende Form zu bannen. 1922/23 stellt sie die Holzschnittfolge *Krieg* fertig.

Das Monument für Peter wird nie vollendet. Über ein Jahrzehnt später erfolgt die Aufstellung der *Trauernden Eltern*, zweier Figuren, die 1932 ihren Platz auf dem belgischen Soldatenfriedhof in Roggevelde bei Dixmuiden finden, genau dort, wo 18 Jahre zuvor der Sohn gestorben ist.

Im Berliner Arbeiterbezirk Prenzlauer Berg wohnend, erlebt Käthe Kollwitz zwei Kriege, hier hat sie vom Tod ihres Sohnes Peter erfahren – und 1942 auch vom »Heldentod« ihres Enkels, der den Namen ihres jüngsten Sohnes trug. 1922 hatte Käthe Kollwitz ihn mit den Worten begrüßt: »Nun sind wir Großeltern, und ein *Mensch* ist da, ein neuer aus der Hand Gottes. Liebes Kind, das Peters Namen trägt, Segen, Segen über Dich!« 1942 dann, nach seinem Tod, notiert sie in ihr Tagebuch: »Es hilft eben nichts. Von einer solchen Wunde kann man sich nur selbst – von innen heraus – heilen.« Im selben Jahr vollendet sie ihre letzte Lithografie – eine alte Frau, die drei Kinder unter sich und unter ihrem Mantel verbirgt und ihre Arme schützend über sie ausbreitet: »Das ist nun einmal mein Testament: *Saatfrüchte sollen nicht vermahlen werden* … diese Forderung ist wie *Nie wieder Krieg* kein sehnsüchtiger Wunsch, sondern Gebot. Forderung.«

Rosa Luxemburg

1871–1919 Politikerin

Am Abend des 15. Januar 1919 werden die beiden Sozialistenführer Karl Liebknecht und Rosa Luxemburg in Berlin von rechtsgerichteten Freicorps-Soldaten der Reichswehr ermordet.

In den letzten Lebensjahren, die Rosa Luxemburg hauptsächlich im Gefängnis verbracht hat, ist Mathilde Jacob, Rosa Luxemburgs Sekretärin und Freundin, ihre engste Vertraute gewesen. Sie besucht die Inhaftierte im Berliner Weibergefängnis und auch nach ihrer Verlegung in der Festung Wronke bei Posen sowie zuletzt in Breslau. Sie erfüllt Bücherwünsche, kümmert sich um die Kleidung, organisiert Diätessen für die magenkranke Rosa, nimmt die geliebte Katze Mimi in Pflege, versorgt Rosa mit politischen Informationen und schmuggelt Manuskripte aus dem Gefängnis. Auch unter den extremen Bedingungen der Haft wird Rosa Luxemburg nicht müde, im Kampf für eine gerechtere, sozialistische Welt gegen die Burgfrieden-Politik der SPD anzuschreiben, die im Angesicht des Krieges ihre innenpolitischen Ziele hintangestellt hat.

Bereits auf dem Mädchengymnasium in Warschau hat sich die aus einer wohlhabenden polnischen Familie stammende Rosa für sozialistische Ideen begeistert, denn schon früh schärften sich ihre Sinne für die Unterdrückung des einfachen Volkes im russischen Zarenreich, zu dem damals auch Ostpolen und Warschau gehörten. Als Jüdin und infolge eines Hüftschadens gehbehindert, hat sie früh lernen müssen, sich gegen die Vorurteile ihrer Umwelt durchzusetzen – und das gelingt ihr durch ihre bemerkenswerte, später von einem Kommilitonen beschriebene Intelligenz: »Auf den ersten Blick machte sie keinen erfreulichen Eindruck. Aber es dauerte nicht lange, und man sah eine Frau, die vor Leben und Geist barst und mit einem bemerkenswerten Intellekt ausgestattet war.« Durch ihre Mitarbeit in der illegalen polnischen Arbeiterpartei von der Verhaftung bedroht, geht Rosa Luxemburg nach dem Abitur ins schweizerische Exil, studiert Philosophie, Geschichtswissenschaft, Politik, Ökonomie und promoviert 1897 mit summa cum laude. Zürich ist zu jener Zeit der Ort, an dem viele der in Russland und Polen verfolgten Sozialisten zusammentreffen. Die Begegnung und die Diskussionen mit den bedeutenden Sozialistenführern ihrer Zeit bestärken Rosa in der Überzeugung, die Welt besser machen zu können. Fortan widmet sie sich ausschließlich der Politik. Dabei wird der polnische Revolutionär Leo Jogiches ihr Partner und Mitstreiter, wenn auch ihre Liebe nicht ohne Krisen und Trennungen verläuft. 1898 geht Rosa nach Berlin, um in der SPD tätig zu werden. Jogiches zögert einen Umzug hinaus – bis Rosa, von Jogiches nach schweren inneren Kämpfen schließlich getrennt, sich neu verliebt. Kostja, der 21-jährige Sohn Clara Zetkins, gibt der 36-Jährigen durch seine Liebe eine Unbeschwertheit zurück, die sie in vollen Zügen genießt, wenn auch Jogiches immer ihr wichtigster Gefährte in der politischen Arbeit bleibt.

Dass die Reichstagsfraktion der SPD mit dem Ausbruch des Ersten Weltkriegs für die Kriegskredite stimmt, damit kann Rosa Luxemburg sich nicht abfinden. Gleich am nächsten Tag gründet sie mit weiteren sechs Vertretern der SPD-Linken die »Gruppe Internationale«, der sich auch Karl Liebknecht anschließt. Gemeinsam versuchen sie, ihre Partei zur Abkehr von der Burgfrieden-Politik zu bewegen, und planen einen internationalen Generalstreik für den Frieden, in der Hoffnung, so einer länderübergreifenden proletarischen Revolution näher zu kommen und dem imperialistischen Krieg ein Ende zu machen. Eine Illusion, wie sich schnell herausstellt. Dennoch verfolgt Rosa gemeinsam mit Karl ihre konsequent klassenkämpferische Haltung und versäumt keine Gelegenheit, auf Kundgebungen und Versammlungen öffentlich gegen den Krieg aufzutreten und in der Presse dagegen anzuschreiben – was sie schließlich für mehrere Jahre hinter Gitter bringt.

»Die Abschaffung der Kapitalherrschaft, die Verwirklichung der sozialistischen Gesellschaftsordnung: dies und nichts Geringeres ist das geschichtliche Thema der gegenwärtigen Revolution. Ein gewaltiges Werk, ... das nur durch höchste geistige Reife und unerschöpflichen Idealismus der Volksmassen durch alle Stürme glücklich in den Hafen gebracht werden kann.«
Rosa Luxemburg in der »Roten Fahne«, 18. November 1918

Als Rosa Luxemburg während der Novemberrevolution 1918 aus dem Gefängnis in Breslau entlassen wird, eilt sie umgehend nach Berlin. Gemeinsam mit Karl Liebknecht gibt sie die Zeitung *Die Rote Fahne* heraus, um täglich auf das revolutionäre Geschehen Einfluss zu nehmen. Als der von Revolutionären mit der Regierung bestimmte Rat der Volksbeauftragten unter der Führung des SPD-Politikers Friedrich Ebert die Reichswehr gegen die weiterhin aufständischen linken Spartakisten schickt, trennen sich diese endgültig von der SPD und gründen am 1. Januar 1919 die Kommunistische Partei (KPD) mit Rosa Luxemburg und Karl Liebknecht an der Spitze. Im Januar brechen erneut Kämpfe aus, woraufhin eine wahre Hetzjagd rechter Gruppierungen der Reichswehr auf sie einsetzt. Täglich wechseln Rosa Luxemburg und Karl Liebknecht ihren Aufenthaltsort, werden aber am 15. Januar in einer Wohnung in Berlin-Wilmersdorf aufgespürt, festgenommen und ins Hotel Eden gebracht. Dort befindet sich das Hauptquartier der Garde-Kavallerie-Schützen-Division. Tags darauf heißt es offiziell, Rosa Luxemburg sei während des Transports ins Gefängnis von der aufgebrachten Menge erschlagen worden.

Am 12. Februar benennt Leo Jogiches in der *Roten Fahne* die Schuldigen. Am 10. März wird auch er ermordet. Im Leichenschauhaus wird ihn Käthe Kollwitz – auf die Bitte von Mathilde Jacob hin – zeichnen. Auch vom toten Karl Liebknecht gibt es eine Zeichnung der Künstlerin.

Die Leiche Rosa Luxemburgs findet man erst am 31. Mai 1919. Am 13. Juni wird sie auf dem Friedhof in Berlin-Friedrichsfelde beigesetzt, dort wo schon Karl Liebknecht und weitere im Januar Erschossene begraben liegen. Die Abschiedsworte spricht unter anderen Clara Zetkin.

Teresa Cordopatri

*1933 Anti-Mafia-Aktivistin

Im süditalienischen Kalabrien ist die ’Ndrangheta beheimatet, die mächtigste Mafia-Organisation Europas. Auch in dem kleinen Ort Oppido Mamertina leben die Menschen in Angst, hier herrscht das Gesetz der Omertà, das Gesetz des Schweigens aus Angst – oft genug geht es um Leben und Tod. Die Familie der Cordopatris besaß einst ertragreiche Olivenhaine in den Hügeln, die ihr seit 800 Jahren gehörten. Als die ’Ndrangheta diesen Besitz einfordert, die Cordopatris zum Verkauf auffordert und sie einschüchtert, sagen sie: Nein, wir verkaufen nicht! Die Mafia besetzt die Olivenhaine trotzdem und erschießt im Juli 1991 vor den Augen Teresa Cordopatris ihren Bruder Antonio. Mit einem Hungerstreik vor dem Gerichtsgebäude macht die zierliche Frau, die nach ihrem Bruder auch ihren Familienbesitz verloren hat, auf ihr Schicksal aufmerksam. Und sie gibt damit auch den zahlreichen Opfern von Einschüchterung, Angst und Gewalt ein Gesicht und eine Stimme. In ihrem Buch »Schwarzes Schweigen« schreibt sie über ihre traumatischen Erfahrungen und wird so – ganz entgegen dem weitverbreiteten schrecklichen Gesetz der Omertà – zur aktiven Widerständlerin gegen die Mafia.

Malala Yousafzai

*1997 Menschenrechtsaktivistin

Das Swat-Tal in Pakistan ist ein Naturparadies: Eingerahmt von Bergen, schlängelt sich der Fluss Swat durch die Felder, die Menschen leben von Viehzucht und Ackerbau. So idyllisch es zuerst scheint, Mädchen und Frauen waren hier lange benachteiligt: Sie durften weder lesen noch schreiben lernen, und ihre traditionelle Rolle beschränkte sich auf Haushalt, Feldarbeit und Kindererziehung. Erst seit den 90er-Jahren gibt es Schulen für Mädchen. Malala liebt ihre Schule, sie hat Großes vor, will Ärztin werden. Doch dann verbieten 2009 die Taliban Mädchen den Schulbesuch. Ein Dokumentarfilmer hält die selbstbewusste Reaktion der 11-jährigen Malala mit seiner Kamera fest: »Die Taliban können mich nicht aufhalten, nicht verhindern, dass ich lerne.« Er schenkt ihr seinen Computer, und sie macht ihre Empörung in einem Blog öffentlich. Die Welt erfährt so vom Schicksal der Mädchen Pakistans, die so gerne zur Schule gehen würden. Malala bekommt dafür sogar einen Friedenspreis. Die Taliban rächen sich an ihr, versuchen sie 2012 zu erschießen. Sie überlebt schwer verletzt. Eine Petition des UN-Sondergesandten für globale Bildung wird unter dem Titel »I am Malala« veröffentlicht. »Wir sind Malala«, skandieren die Menschen in Pakistans Straßen und bald schon rund um die Welt und halten Malalas Foto in ihren Händen.

Jane Addams

1860–1935 Pazifistin

Die Weltöffentlichkeit horcht auf, als im Januar 1917 der US-amerikanische Präsident Woodrow Wilson vor dem Senat in Washington seine Friedensrede hält. Er fordert die Krieg führenden Länder zu einem »Frieden ohne Sieg« auf und nennt die dafür wichtigsten Voraussetzungen. Erst wenige Wochen zuvor hat er sich mit der Vorsitzenden des »Internationalen Frauenkomitees für dauernden Frieden«, Jane Addams, zu einer Unterredung getroffen und bei dieser Gelegenheit ihr stark zerlesenes Skript mit den Worten gezeigt: »Wie Sie sehen, habe ich die Beschlüsse genau studiert. Ich betrachte sie als das weitaus Beste, was bis zum heutigen Tage von irgend jemand formuliert worden ist.« Sichtlich beeindruckt kommentierte der Präsident so die 1915 vom internationalen Frauenfriedenskongress in Den Haag verabschiedeten Beschlüsse, in denen die Delegierten Bedingungen für einen Frieden in Europa formuliert hatten.

Etliche dieser Vorschläge fanden Eingang in Wilsons Rede und waren auch wieder in den »14 Punkten« enthalten, die der amerikanische Präsident am Kriegsende als Grundlage für die Friedensverhandlungen 1919 den Siegermächten unterbreitet. Von wem Woodrow Wilsons Programm inspiriert ist, kommt allerdings nirgendwo zur Sprache.

Jane Addams, die 1915 in Den Haag zur Vorsitzenden des Komitees gewählt worden war und somit als Gründerin der heute noch existenten »Internationalen Frauenliga für Frieden und Freiheit« (IFFF) gilt, reist im Anschluss an den Haager Kongress mit einer Delegation in die Krieg führenden Länder, um die Regierenden von der Notwendigkeit eines Friedensschlusses unter Verzicht des Sieges einer jeden Kriegspartei zu überzeugen. Abgesehen von nervenaufreibenden Grenzformalitäten, langen Wartezeiten und Visaproblemen verläuft die Reise recht problemlos, der österreichische Premierminister Karl Graf von Stürgkh äußert nach dem Gespräch mit ihnen sogar, dass dies die ersten vernünftigen Worte gewesen seien, die seit zehn Monaten in diesen Räumen gesprochen wurden. Dennoch – die Aktion bleibt wirkungslos, und auch Wilsons Friedensappell verhallt. Im April 1917 treten die USA in den Krieg ein.

Jane Addams kehrt nach ihrer Friedensmission Ende 1915 aus Europa in ihre Heimat USA zurück, wo sie 1860 in dem kleinen Dorf Cedarville im Bundesstaat Illinois zur Welt kam. Jane, deren Mutter früh starb, liebt und verehrt ihren Vater über alles. Als Anhänger der Glaubensgemeinschaft der Quäker wendet er sich gegen die Sklaverei und den Kriegsdienst, fordert eine bessere Bildung für das einfache Volk und mehr Rechte für die Frauen. Jane kommt mit siebzehn auf das »Rockford Female Seminar«, wo sie eine Ausbildung in der Art der heutigen Colleges erhält und zur selbstlosen Pflichterfüllung erzogen wird; über eine jede von ihnen sollte man einmal sagen können: »Sie hat getan, was sie konnte.« Um Jane bildet sich ein kleiner Diskussionszirkel, in dem sich die Klassenkameradinnen bei gemeinsamer Lektüre philosophischer und historischer Schriften darüber verständigen, all ihren Willen und ihr Können für eine bessere Welt einzusetzen. Sie versprechen sich gegenseitig, niemals zu heiraten, um ihrer Sache nicht untreu zu werden. Jane Addams hält sich daran; ab 1890 verbindet sie jedoch eine enge Gemeinschaft mit ihrer Freundin Mary Rozet Smith, der Tochter eines wohlhabenden Papierfabrikanten aus Illinois. Auch Mary Rozet Smith macht das soziale Engagement zu ihrer Lebensaufgabe, und sie ist es, die Jane Addams in deren immer wiederkehrenden Krankheitsphasen aufopfernd pflegt. Die Lebensgemeinschaft beider Frauen endet erst mit Marys Tod im Jahr 1933.

»Wir Frauen können klarstellen, dass die Völker ohne männlichen Kampfgeist, ohne Wettbewerb und ohne den Geist von Rivalität zusammenarbeiten können.«

Jane Addams auf dem amerikanischen Friedenskongress, 1909

Als Jane auf mehreren Europareisen mit den sozialen Problemen der modernen Industriegesellschaft konfrontiert wird, reift in ihr der Entschluss, sich der Armenfürsorge zu widmen. Sie kämpft gegen Kinderarbeit, engagiert sich in karitativen Organisationen und gründet 1889 gemeinsam mit ihrer Schulfreundin Ellen Gates Starr mitten im Elendsviertel von Chicago das nach seinem Vorbesitzer bezeichnete Hull House. Das Haus – und mit ihm Jane Addams – wird in ganz Amerika zum Symbol einer sozialreformerischen Idee, der sogenannten Settlement-Bewegung: Menschen aus den bürgerlichen Schichten beziehen große Häuser in den Armenvierteln der Großstädte und bieten nachbarschaftliche Kontakte und Weiterbildungsmöglichkeiten an. Dabei richtet Jane ihr Augenmerk insbesondere auf die Betreuung berufstätiger Mütter und die Ausbildung junger Mädchen.

Neben der täglichen Sozialarbeit setzt sich Jane Addams in ständigem Kontakt mit Politikern für die Durchsetzung sozialer Reformen ein, engagiert sich in der Frauenstimmrechtsbewegung und als überzeugte Pazifistin in der Friedensbewegung.

Nach dem Krieg, im Mai 1919, findet in Zürich die zweite Tagung der Pazifistinnen statt. Erschüttert von den harten Bedingungen, die die Siegermächte ihrem deutschen Gegner im Versailler Friedensvertrag diktiert haben, ruft Jane ihre Geschlechtsgenossinnen erneut zusammen. Gemeinsam protestieren sie gegen den Versailler Vertrag, in dessen Bedingungen sie »Zündstoff für weitere Kriege« sehen, und fordern die Berücksichtigung der »14 Punkte« Woodrow Wilsons, die auf der Anerkennung des Selbstbestimmungsrechts der Völker basieren – so wie sie es schon 1915 in den Haager Beschlüssen verankert hatten. Erfolg ist den Frauen aber auch dieses Mal nicht beschieden.

Eine späte Anerkennung ihrer Friedensmission erfährt Jane Addams dennoch: 1931 wird ihr für ihr unermüdliches Engagement in der pazifistischen Frauenbewegung der Friedensnobelpreis verliehen.

Über den Wolken und nie unter den Rädern

Melli Beese
Jane Goodall
Clärenore Stinnes
Amalie Dietrich
Walentina Tereschkowa
Elizabeth Garrett Anderson
Elly Beinhorn
Jeanne Baret
Ida Pfeiffer
Louise Boyd

Melli Beese

1886–1925 Pilotin

Zwanzig Jahre zuvor scheint der jungen Amelie Hedwig Beese, genannt Melli, die ganze Welt offenzustehen. Ihr Vater Richard Beese, ein Fabrikbesitzer aus Dresden, fördert die Talente seiner Tochter und unterstützt sie in jeder Hinsicht. Mit zwanzig beginnt sie ein Studium der Bildhauerei in Stockholm, doch seit sie von dem sensationellen ersten Motorflug der amerikanischen Brüder Wright im Jahr 1903 hörte, schlägt ihr Interesse eine ganz neue Richtung ein. Fasziniert von diesem sensationellen Durchbruch in der Luftfahrt, reift in ihr der Traum, selbst zu fliegen. Und der lässt sie nicht mehr los. 1909 zurückgekehrt nach Dresden, beginnt sie nun, anstatt Skulpturen zu formen, Modelle von Flugmaschinen zu bauen und als Hospitantin am Polytechnikum Vorlesungen in Mathematik, Schiffsbau und Flugtechnik zu hören.

Im November 1910 macht sich Melli allein auf den Weg nach dem nahe Berlin gelegenen Johannisthal, wo es seit einem Jahr einen der ersten Flugplätze Deutschlands gibt. Doch in die ausschließlich Männern vorbehaltene Domäne einzudringen, erweist sich als äußerst schwierig. Keiner der »Helden der Lüfte« erklärt sich zunächst bereit, sie als Schülerin aufzunehmen. Aber Flugunterricht ist auch eine wichtige Einnahmequelle. Für die Ausbildung erhält ein Fluglehrer 3.000 Mark, das ist sehr viel Geld, dazu kommt eine sogenannte Bruchauktion von 1.000 Mark für eventuell entstehende Schäden am Flugzeug. Und Melli Beese kann zahlen.

Im Dezember steigt Melli erstmals mit einem Lehrer auf und erlebt auch gleich einen Absturz. Sie zieht sich etliche Brüche zu – doch kaum, dass sie auf Krücken wieder gehen kann, ist Melli täglich auf dem Flugplatz, beobachtet die Flugversuche und hält sich in den Werkstätten auf. Auf weitere Flugstunden muss sie allerdings monatelang warten, da wieder niemand mit einer Frau starten möchte. Aufgeben kommt für sie jedoch nicht infrage, sodass sie sich an den Leiter der Flugsportgesellschaft wendet, und der erkennt sogleich eine Chance für sein Unternehmen: eine Frau als Pilotin – und noch dazu eine so attraktive wie die junge Melli Beese – wäre eine noch nie da gewesene Sensation und würde noch mehr zahlendes Publikum zu den Flugschauen locken.

An ihrem 25. Geburtstag besteht Melli Beese als erste Frau in Deutschland das Examen als Flugzeugführerin und stellt schon im Herbst 1911 mit 825 Metern den Höhenweltrekord für weibliche Piloten auf. Anfang 1912 eröffnet sie in Johannisthal ein eigenes Unternehmen mit einer Flugschule sowie einer Konstruktions- und Fertigungsabteilung für Flugzeuge. Sie übernimmt die Geschäftsführung, gibt Flugunterricht, arbeitet an der Weiterentwicklung von Flugapparaten und erhält 1912 das Patent für ein »zerlegbares Flugzeug« sowie 1913 für ein Flugboot. Die Firma floriert. Zugleich engagiert Melli Beese sich in der Nationalen Flugspende. Mit dieser vom Staat initiierten Sammelaktion soll der Aufbau einer Luftflotte innerhalb des kaiserlichen Heeres unterstützt werden. Vom erfolgreichen Abschluss der Sammelaktion versprechen sich auch die Fluglehrer einen Nutzen, denn für die Ausbildung eines Militärpiloten erhalten sie 8.000 Mark. Melli Beese stattet ihr Unternehmen in Erwartung solcher Aufträge entsprechend aus, beginnt mit dem Bau von Flugzeugen und wendet sich an die verantwortlichen Behörden. Doch ohne die Nennung triftiger Gründe erhält sie nur Absagen. Fast zwei Jahre kämpft sie um Aufträge im Rahmen der Flugspende – umsonst. Ursache dafür ist offenbar die Nationalität ihres Chefpiloten und engsten Mitarbeiters Charles Boutard. Boutard ist Franzose, und seit dem 25. Januar 1913 ist auch Melli Beese nicht mehr Deutsche. An diesem Tag hat sie Boutard geheiratet und damit automatisch die französische Staatsbürgerschaft übernommen; von nun an unterschreibt sie mit »Beese-Boutard«. Zu dieser Zeit werden nationalistische Töne in Deutschland immer lauter. Eine Schülerin aus dem nahe gelegenen Ort Adlershof, die mit ihren Freundinnen überschwänglich für die moderne junge Pilotin schwärmt, notiert am 27. Januar in ihr Tagebuch: »Melli Beese hat sich mit Boutard verheiratet, na, wir sind alle ganz platt vor Ärger.« Später nach dem Warum befragt, antwortet sie: »Ja, verstehen Sie denn nicht, einen Franzosen ...!«

»Nur nach Überwindung erheblicher Schwierigkeiten ... gelang es mir endlich, die vorgeschriebenen Flüge und Landungen ohne Zwischenfall zu erledigen; und als meine Mitschüler und Lehrer an diesem Morgen auf dem Flugplatze eintrafen, war das Unglück geschehen, und – ich war Pilot.«

Ihre französische Staatsbürgerschaft wird Melli Beese dann auch zum Verhängnis. Mit Beginn des Krieges gilt sie als feindliche Ausländerin, und man untersagt ihr das

Betreten des Flugplatzes. Es ist das Ende ihrer Pilotentätigkeit und auch ihrer so hoffnungsvoll gestarteten Karriere als Flugzeugbauerin. Der gesamte Flugplatz mit all seinen Einrichtungen ist von jetzt an dem Militär unterstellt, womit Melli Beese von ihrer Firma abgeschnitten ist. Die Werkstatt mit allen Maschinen, Werkzeugen und Material wird geplündert, aus den neuen Flugzeugtypen Brennholz gemacht. Obwohl die Firma praktisch nicht mehr existiert, verlangen die Finanzbehörden über Kriegsende hinaus für das nicht »ordentlich geschlossene« Unternehmen Zahlungen, die in die Tausende gehen. 1916 müssen Melli Beese und ihr in einem Internierungslager schwer erkrankter Mann die Johannisthaler Wohnung aufgeben. Beide werden in das in der Prignitz gelegene Wittstock gebracht, das sie nicht mehr verlassen dürfen und wo sie nur durch die Unterstützung von Mellis Mutter überleben. Verbittert blickt sie im Jahre 1923 auf diese Zeit zurück: »Hier begann eine Hölle kleinlichster Nadelstichpolitik, u. a. mussten wir viele Wochen ohne Nahrung bleiben und nur von dem leben, was uns mitleidige Bauern heimlich für horrende Preise abließen, weil die Gemeindeverwaltung alle Einwohner mit Gefängnis bedrohte, die feindliche Ausländer durch Obdach und Nahrungsabgabe unterstützten – obwohl ihr genau bekannt war, dass wir zur Selbstverpflegung gezwungen wurden. … erst die Revolution befreite uns aus dieser Qual. Wir standen jedoch vor einem zertrümmerten Leben, krank, aller eigenen Mittel und Besitztümer beraubt – man hat uns buchstäblich zugrunde gehetzt.«

Nach dem Krieg versucht Melli Beese wieder in den Flugbetrieb einzusteigen. Begeistert verfolgt sie mit Boutard die Idee, einen Film über einen Flug um die Welt zu drehen. Ein ehrgeiziges Projekt, das sie jedoch mangels Geldgebern aufgeben muss. Dazu kommt, dass Melli erzwungenermaßen den Anschluss an die sich rasant weiterentwickelnde Flugtechnik nicht halten konnte. Krank und ohne jedes Einkommen lebt sie in ihren letzten Lebensjahren völlig zurückgezogen in Berlin-Wilmersdorf. Nichts ist mehr geblieben von ihrem großen Selbstvertrauen und der Kraft, Träume wahrzumachen. Als auch Boutard sich von ihr trennt, schließt sie mit ihrem von den Kriegsereignissen zerstörten Leben ab.

Jane Goodall

*1934 Verhaltensforscherin

Nach dem Abschluss ihrer Ausbildung zur Sekretärin erfüllt Jane Goodall sich einen Traum und reist nach Afrika. Dort lernt sie den Paläoanthropologen Louis Leakley kennen, der das Leben von Urmenschen erforscht und im Zuge dessen Verhaltensstudien über Menschenaffen in Auftrag gibt, um Rückschlüsse auf das mögliche Verhalten unserer menschlichen Vorfahren ziehen zu können. Drei Frauen übernehmen diese Aufgabe: die Amerikanerin Dian Fossey (Gorillas), die Kanadierin Birutė Galdikas (Orang-Utans) und die Engländerin Jane Goodall (Schimpansen). Jane Goodall beobachtet als Erste, dass Schimpansen Werkzeug zur Futtergewinnung entwickeln und benutzen, dass sie auch Fleisch essen und manchmal sogar ihre Artgenossen töten und fressen. Obwohl sie keine universitäre Ausbildung genossen hat, darf Goodall aufgrund ihrer sensationellen Erkenntnisse mit Sondergenehmigung eine Doktorarbeit darüber verfassen. Ihr ist es zu verdanken, dass Tiere, und allen voran Affen, von uns Menschen nicht länger als instinktgesteuerte, primitive Wesen angesehen werden, sondern als empfindsame Individuen mit Verstand, Gefühlen und eigener Persönlichkeit. Heute setzt sich Jane Goodall für die Rechte von Tieren, den Naturschutz und Hilfsprojekte für die Bevölkerung Afrikas ein.

Clärenore Stinnes

1901–1990 Rennfahrerin

Ihr Vater, der Großindustrielle Hugo Stinnes, einst einer der reichsten Männer Europas, hatte eine andere Karriere für seine Tochter Clärenore im Auge. Er sah sie als seine rechte Hand im Firmenimperium, als dessen Botschafterin im Ausland. Als er stirbt, Clärenore ist 23 Jahre alt, ändert sich alles – seine Tochter gibt ihrem Leben selbstbewusst eine neue Richtung: Sie ergreift einen damals für Frauen höchst ungewöhnlichen Beruf, wird Renn- und Rallyefahrerin. Irgendwann aber reichen ihr die Rennerfolge nicht mehr, sie will etwas schaffen, was bleibt. Sie will etwas tun, wovon die Menschen auch später reden werden. 1927 startet sie gemeinsam mit dem schwedischen Fotografen Carl-Axel Söderström die erste Weltumrundung mit dem Auto. 48.000 Kilometer mit einem Personenwagen, einem Adler 6, über Sibirien, China, Japan, Hawaii nach Nord-, Mittel- und Südamerika. Von New York geht es per Schiff zurück nach Europa und von Le Havre dann mit dem Adler weiter nach Berlin. Nach zwei Jahren und einem Monat kehren sie heim und werden gefeiert. Der Film, mit dem Söderström die Reise dokumentiert hatte, ist in den Kinos ein großer Erfolg und die Reise eine Sensation. Am Ende heiratet Clärenore Stinnes den einzigen Mann, der nach diesen Strapazen immer noch bei ihr bleiben will: Ihren Kameramann.

Amalie Dietrich

1821–1891 Pflanzenjägerin

Wenn es um ihre Liebe zu Pflanzen und ihre botanische Forschung ging, scheute Amalie Dietrich keine Mühe. Am 17. Mai 1863 bestieg sie in Hamburg das Schiff *La Rochelle* und brach als eine der ersten Botanikerinnen nach Australien auf: In dem seit 50 Millionen Jahren durch Ozeane von den anderen Kontinenten getrennten Land hatte sich eine eigene große Artenvielfalt von Pflanzen und Tieren entwickelt, die zu erforschen sich Amalie Dietrich auf den Weg machte. Im Gepäck hatte sie nicht nur Glasbehälter, Insektenkisten und ein Mikroskop, sondern auch Schießpulver, um im Notfall ihr Leben zu verteidigen. Zehn Jahre durchstreifte sie oft allein auf langen Fußmärschen die Ostküste des fünften Kontinents sowie die Ufer des Brisbane River und sammelte, presste und präparierte Farne, Gräser, Blätter, Moose, Algen und Pilze, aber auch Käfer, Schmetterlinge, Insekten, Fische, Beuteltiere und Reptilien. Berührungsängste bei Kriech- und Krabbeltieren kannte die 1821 im sächsischen Siebenlehn Geborene offenbar nicht, stellte sie doch eine umfangreiche Kollektion von australischen Spinnen zusammen und scheute auch nicht vor dem Fang von Giftschlangen zurück. Darüber hinaus gehört ihre Sammlung von Vögeln zu den umfassendsten, die je von einer einzigen Person in Australien zusammengetragen wurde. Mehr als 20.000 botanische Zeugnisse erfasste die fleißige Pflanzenjägerin, darunter rund 600 bis dahin unbekannte Gewächse, von denen einige nach ihr benannt wurden, beispielsweise die Algenart *Sargassum amalie* und der Sonnentau *Drosera dietrichiana.*

»Oh, Du kannst Dir keine Vorstellung machen, wie hier alles wächst und treibt. Das eine verdrängt das andere. Unter Riesenbäumen wachsen Farne, unter denen ich ganz verschwinde, und mir wird manchmal ganz angst, wenn ich mich zwischen üppigen Schlingpflanzen, Farnen und Gesträuch hindurcharbeiten muss ... Neu ist ja alles, und eine Fülle von Material wächst einem hier entgegen, dass man geradezu in Verlegenheit gerät, wo man zuerst zugreifen soll«, schrieb Amalie Dietrich begeistert an ihre Tochter im fernen Deutschland.

Kein Mensch setzt meinem Sammeleifer irgendwelche Grenzen.

Amalie Dietrich reiste im Auftrag des hanseatischen Kaufmanns und Reeders Johann Cesar VI. Godeffroy, der nach botanischen, zoologischen und ethnologischen Exponaten für sein 1861 gegründetes Privatmuseum in Hamburg suchte. »König der Südsee« wurde Godeffroy aufgrund seiner weitverzweigten Handelsrouten genannt, die bis nach Chile und Samoa führten. Godeffroy instruierte seine Kapitäne und Handelsagenten, interessante anthropologische Fundstücke nach Hamburg zu schicken. In seinem Kontorhaus stellte er seine umfangreiche Kollektion aus, und in Katalogen bot das Museum Samen und Pflanzenduplikate zum Verkauf an. In seiner Funktion als Museumskustos sorgte der ehemalige Naturalienhändler Johannes Schmeltz dafür, dass die gesammelten Pflanzen und Tiere von anerkannten Wissenschaftlern aus ganz Europa beschrieben und dokumentiert wurden. In diversen Briefen formulierte Schmeltz genauestens die Wünsche des Museums an Amalie Dietrich: »Holzsorten: Wir möchten von Ihnen Holzsorten haben. Probeblöcke der dort vorkommenden Arten vier Stück von jeder Sorte, zwölf Zoll hoch und einmal gespalten … Überhaupt sollen Sie uns Samen aller Art schicken, zumal von Kräutern und Gräsern. Sie können sie in Kisten, zwischen pulverisierte Holzkohle verpackt, senden. Lebende Pflanzen: Senden Sie uns auch von solchen, was Sie irgend erlangen können, besonders, Zwiebeln und Knollen, welche ebenso wie Samen verpackt werden können. – Orchideen hätten wir sehr gern lebend. Von solchen müssen nach der Blütezeit die unterirdischen Triebe ausgehoben und auf ähnliche Weise verpackt werden. Wir betonen, dass das Skelett und die Eingeweide in den kleineren Arten zu belassen sind. Die Sachen erhalten dadurch mehr denn den doppelten Wert.« »Selbst die größten Prachtfalter« sollte Dietrich in Tüten verschicken, Fische in Spiritus eingelegt oder in Salz gepökelt. »Wir werden unsereins dafür sorgen, dass Sie mit Kästen, Tüten, Benzin, Werg, Salz usw. aufs beste versehen sind.« Der Transport von lebenden Pflanzen stellte zu Beginn der Pflanzenexpeditionen die größte Herausforderung dar. Doch in den 1830er-Jahren war dem englischen Arzt Nathaniel Ward mit der Erfindung eines Miniaturgewächshauses, das einen eigenen Wasserkreislauf besaß, die Lösung des Problems gelungen. In den Ward'schen Kästen konnten selbst empfindliche Gewächse wie Orchideen,

Farne und Palmen lange Schiffsreisen unbeschadet überleben. Exotische Pflanzen waren bis dahin den botanischen Gewächshäusern der Könige vorbehalten.

Ihre botanische Ausbildung hatte Amalie Dietrich von ihrer kräuterkundigen Mutter und von ihrem Ehemann, dem Apotheker Wilhelm Dietrich, erhalten, mit dem sie von 1845 bis zu ihrer Trennung 1862 eng zusammenarbeitete. Die Dietrichs boten neben Pflanzensamen und Heilpflanzen auch präparierte Insekten und Mineralien an und verkauften Blumen aus schwer zugänglichen Regionen wie den Alpen, sowie seltene Moose.

Zu den Auftraggebern des Ehepaars gehörten Apotheker und Professoren ebenso wie wohlbetuchte Damen. Das Botanisieren war im 19. Jahrhundert längst zu einem beliebten Hobby der oberen Gesellschaftsschichten avanciert. Eine kleine Kollektion von Farnen, Moosen und Algen gehörte in jedes Boudoir, und zum Vergnügen las man die abenteuerlichen Berichte der Expeditionsreisenden oder Jean-Jacques Rousseaus »Zehn botanische Lehrbriefe an eine Freundin«, eine Einführung in die Botanik.

Natürlich war Amalie Dietrich nicht auf Anhieb von Godeffroy als Pflanzensammlerin eingestellt worden. Bei ihrer ersten Bewerbung erhielt sie eine klare Absage, denn der ansonsten eigentlich risikofreudige Kaufmann wollte auf keinen Fall eine Frau beschäftigen. Erst durch die Empfehlung ihrer Kunden wie des Botanikers Heinrich Moritz Willkomm ließ sich Godeffroy umstimmen: »Seit einer Reihe von Jahren ist mir Frau Amalie Dietrich als tüchtiger Botaniker bekannt. Frau Dietrich hat für ihren Beruf eine ungewöhnliche Begabung, einen scharfen, geschulten Blick für alles, was die Natur bietet, und eine große Sicherheit im Bestimmen des gesammelten Materials«, lautete Willkomms Urteil.

Mit der Einstellung bei Godeffroy hatte die inzwischen allein lebende Amalie Dietrich endlich ein sicheres Einkommen. Zwar musste sie ihre damals 14 Jahre alte Tochter zurücklassen, aber Amalie Dietrich nahm dies in Kauf, um ihre botanische Arbeit fortsetzen zu können. Charitas Bischoff verfasste, 15 Jahre nach dem Tod ihrer Mutter, die Biografie »Amalie Dietrich. Ein Leben«. Heute weiß man jedoch, dass sich die Tochter von Reiseberichten anderer Australienreisender wie Carl Lumholtz inspirieren ließ und das Leben ihrer Mutter romanhaft verklärte. Was überdauert, sind Amalie Dietrichs Leistungen für die Naturwissenschaften. So konnte Johann Schmeltz 1866 auf der Grundlage ihrer botanischen Funde die erste Ausgabe der »Neuholländischen Pflanzen« (Neuholland war eine ursprüngliche Bezeichnung Australiens) veröffentlichen, und das *Journal des Museums Godeffroy* berichtete regelmäßig über ihre Neuentdeckungen; 1867 erhielt ihre Holzsammlung auf der Weltausstellung in Paris eine Goldmedaille.

»Unser Museum zieht immer mehr Beachtung auf sich, und es ist der wissenschaftlichen Welt wohl bekannt, wie viel Amalie Dietrich zu dessen steter Ausdehnung beiträgt«, äußerte sich der Gründer zufrieden. Nach ihrer Rückkehr bezog die Pflanzensammlerin ein Zimmer im Museumsgebäude und betreute die Exponate. Nach Godeffroys Tod im Jahr 1885 wurde die einzigartige Kollektion jedoch auseinandergerissen und an Museen in Leipzig, Leiden und Hamburg verkauft. Im Herbarium der Hansestadt werden Dietrichs Bögen mit getrockneten Pflanzen aufbewahrt und warten darauf, geordnet zu werden.

Walentina Tereschkowa

*1937 Kosmonautin

Die russische Kosmonautin Walentina Tereschkowa fliegt am 16. Juni 1963 als erste Frau in den Weltraum. Damit folgte die begeisterte Fallschirmspringerin ihrem Idol Juri Gagarin, der am 12. April 1961 in der Raumkapsel Wostok 1 als erster Mensch die Erde umkreist hatte. Eigentlich ist Walentina Textilarbeiterin, bildet sich aber an der Abendschule weiter, macht das Technikerdiplom und bewirbt sich mehrere Male an der Kosmonautenschule. 1962 schafft sie die Aufnahmeprüfung. Nach intensiver Ausbildung wird sie ein Jahr später von Baikonur aus mit der Wostok 6 ins All geschossen und umrundet in fast 3 Tagen 49-mal die Erde. Ihr Funkrufname »Tschaika« bedeutet Möwe, was ihr den Spitznamen »Möwe im Weltall« einbrachte. Für ihren Einsatz im All verlieh man ihr den Ehrentitel »Held der Sowjetunion«. Zudem wurden ein Mondkrater und ein Kleinplanet nach ihr benannt. Erst 20 Jahre später, 1983, folgt ihr mit der Amerikanerin Sally Ride die erste Frau der westlichen Welt in die unendlichen Weiten.

> »Ich habe schon als Kind von einer Reise zu den Sternen geträumt. Zur Not wäre ich auf einem Besen hingeflogen.«

Elizabeth Garrett Anderson

1836–1917 Ärztin

Dabei hatte Dad doch alles getan, um das Töchterchen auf eine Zukunft als brave Ehefrau und treusorgende Mutter, *nothing else*, vorzubereiten! Der wohlsituierte Kaufmann Newson Garrett aus Whitechapel östlich von London hatte dafür Sorge getragen, dass seine zehn Kinder zunächst vermittels Hausunterricht, im jugendlichen Alter dann in angesehenen Schulen den bestmöglichen Unterricht erhielten und die Töchter alsbald passable Ehemänner hätten vorweisen können. Da hatte er die Rechnung aber ohne den Dickschädel und das Durchhaltevermögen seiner Beth, wie Elizabeth Garrett kurz und bündig genannt wurde, gemacht, die in der Schule bereits die Vermittlung naturwissenschaftlicher und mathematischer Kenntnisse vermisste. Nun ja, wenigstens wurde man angehalten, Französisch zu sprechen …

Von 1854 an gab es kein Halten mehr: Nach einer Begegnung mit der ambitionierten Frauenrechtlerin Emily Davies ahnte die 18-jährige Elizabeth, dass Frauen durchaus viel mehr sein konnten als Heimchen am Herd – allerdings mussten sie es sich erkämpfen. Nach dem Besuch einer Vorlesung ihrer Namensvetterin Elizabeth Blackwell, der ersten amerikanischen Ärztin, stand für sie fest: Sie wollte Ärztin werden und etwas Nützliches tun. Dad war außer sich – *disgusting*, eine solche Tätigkeit für eine Frau!

Aber selbst ein vom Vater arrangiertes Praktikum in der chirurgischen Abteilung eines Krankenhauses, gedacht als kleine Schocktherapie – Schmutz, offene Wunden, Gestank, Infektionen, Sterbefälle –, bewirkte eher das Gegenteil: Hier war doch Handlungsbedarf! Einfacher gesagt als getan, selbst für eine so resolute und dynamische junge Frau.

Tatkräftige Kämpferin für Frauen in der Medizin

Colleges nahmen keine Frauen auf, und so wählte die findige Elizabeth einen anderen Weg. Als Krankenschwester am Middlesex Hospital besuchte sie frank und frei die allein den männlichen Medizinstudenten zugedachten Vorlesungen. Es mag daran gelegen haben, dass die junge Frau immer schon ein bisschen besser war als andere, eben auch als Männer, und dies nicht verbarg. Jedenfalls beschwerten sich die Kollegen über die »störende« Anwesenheit einer jungen Frau bei den Anatomievorlesungen. Diese Anwesenheit sei schier ein Verbrechen gegen die männliche Gefühlswelt und, ein guter Rat fürs Leben, Miss Beth wirke im Übrigen vernichtend hinsichtlich des Respekts gegen und die Bewunderung für das weibliche Geschlecht im Allgemeinen. Die beratungsresistente junge Frau scherte sich nicht drum, nahm weiterhin teil und gab genauso keck wie unmissverständlich entsprechende Antworten.

»... ich kann nicht ohne eine nützliche Tätigkeit leben.«

Eine Nachlässigkeit des Apothekerverbands wusste sie sich zu Nutze zu machen und schritt damit weiter ihrem großen Ziel entgegen: Hier waren Frauen nicht explizit von

Prüfungen ausgeschlossen. Mit einem Abschluss als Apothekerin sowie einer nachgewiesenen fünfjährigen Tätigkeit unter der Anleitung eines Arztes wäre ihr eine selbstständige medizinische Tätigkeit gestattet. Der Verband änderte umgehend seine Satzung – da hatte Elizabeth aber längst die Prüfung abgelegt. Dad kapitulierte und tat ein Übriges dazu, nämlich Geld, und die Lady eröffnete 1866 St. Mary's Dispensary for Women, eine Art Krankenstation mit Apotheke, die später um eine Station mit zehn Betten erweitert und zum New Hospital for Women and Children mit einem rein weiblichen Mitarbeiterstab wurde. Während ihrer ärztlichen Tätigkeit begegnete Elizabeth Garrett auch ihrem späteren Mann James Anderson. Ganz Feministin, behielt sie ihren eigenen Familiennamen bei.

M. D. Elizabeth Garrett Anderson – immer die Erste

Trotz all dieser Erfolge gab es einen wunden Punkt: Nach wie vor blieb ihr ein wissenschaftlicher Grad verwehrt. Elizabeth wäre nicht Elizabeth gewesen, wäre ihr nicht auch hier eine Lösung eingefallen. Durften nicht in Paris an der Sorbonne Frauen in Medizin promovieren, und war nicht ihr Schulfranzösisch ausbaubar? *Mais oui*! Das Französisch war rasch im Selbststudium aufpoliert und der Doktorgrad mit einer Arbeit über die Migräne erlangt. 1874 gründete Garrett Anderson mit einigen Mitstreiterinnen die London School of Medicine for Women, an der sie lange Jahre erfolgreich unterrichten sollte und deren Abschlüsse öffentlich anerkannt wurden. Ihre Vision war Wirklichkeit geworden. Frauen konnten an ihrer Schule Medizin in England studieren!

Sie selbst war die erste offizielle Ärztin Großbritanniens, die erste promovierte Medizinerin in Frankreich, das erste weibliche Mitglied der British Medical Association und die erste Dekanin einer medizinischen Fakultät. Elizabeth Garrett Anderson hat für alle Frauen in England den Weg bereitet, als Krankenschwester und Ärztin mit fundierter Ausbildung arbeiten zu können. Bahnbrechend waren außerdem viele ihrer Erkenntnisse in der Frauenheilkunde und Geburtshilfe.

Ihre Sympathien für die Suffragetten und ihre Neigung, sich für die Rechte der Frauen einzusetzen, etwa für die Erlangung des Wahlrechts, hat sie nicht ganz so intensiv ausgelebt, wie es ihrem Naturell wohl entsprochen hätte. Schließlich könne sie ja nicht an mehreren Fronten gleichzeitig anecken! Ach ja, nachdem sie sich aus dem Berufsleben zurückgezogen hatte und nach Aldeburgh, Suffolk, ging, wurde sie 1908 die erste weibliche Bürgermeisterin Großbritanniens.

[redacted]

Elly Beinhorn

1907–2007 Flugpionierin

Über den schneebedeckten Bergen der Anden kämpft sich die kleine Sportmaschine vor dem 4.800 Meter hoch aufragenden Pass Kilometer für Kilometer in die Höhe, immer wieder kreisend, um der Anziehungskraft der Berge zu entgehen, immer wieder um Hunderte Meter durchsackend in der eisigen, sauerstoffarmen Luft – doch Elly Beinhorn ist nicht die Frau, die aufgibt: Im dritten Anlauf schafft sie den einsamen Andenüberflug.

Südamerika ist eine der Etappen auf Elly Beinhorns Alleinflug um die Welt, der der deutschen Pionierin der Luftfahrt 1932 als erster Frau gelingt. Sie ist gerade mal Mitte 20 und legt etwa 28.000 Kilometer zurück, erlebt dabei Momente höchster Gefahren und höchsten Glücks. Einen Afrika-Alleinflug von Böblingen bis Bissau in Portugiesisch-Guinea in einer geliehenen »Klemm« hatte sie da schon hinter sich und war in der Fliegerei – über Jahrzehnte eine Männerdomäne – etabliert. Weitere Rekordflüge wie 1935 der Flug über zwei Kontinente von Schlesien bis zum Bosporus an einem Tag, jetzt mit der stärker motorisierten Messerschmitt »Taifun«, und 1936 der Flug über drei Kontinente, Berlin–Damaskus–Kairo–Athen–Budapest–Berlin, an einem Tag sollten folgen.

»Ein Mädchen und fünf Kontinente«

Dabei waren der Tochter eines Kaufmanns ursprünglich enge Grenzen gesetzt: Dass sie das einzige Kind ihrer Eltern war, umgeben von der spießigen Atmosphäre im gutbürgerlichen Hannover, scheint ihr Antrieb gewesen zu sein, absolute Freiheit zu suchen und allein die weite Welt zu erobern. Dass sich die Eltern bei der Namensgebung bewusst für Elly, die damals moderne, sehr dynamische Kurzform von Elisabeth, entschieden haben, entspricht so ganz ihrem Charakter. Denn gegen Konventionen der Gesellschaft und Widerstände im Leben weiß sich die junge Frau mit den kompromisslos-klaren Vorstellungen stets zielstrebig und unbeirrbar durchzusetzen – seien es die Tränenfluten der Mutter und die Tobsuchtsanfälle des Vaters angesichts des entschlossenen Höhendrangs, der Unwille der Fluglehrer, eine weibliche Pilotin auszubilden, oder die herablassende Abkanzelung durch berühmte Fliegerkollegen wie Ernst Udet: »Pass auf, dass du nicht auf den Pinsel fällst!« Sie »schmeißt« das Lyzeum mit 16, genug ist genug. Ein Vortrag des Fliegerasses Hermann Köhl erleuchtet die 21-Jährige: Sie wird Pilotin. Punkt. Die Abenteuerlust ist vollends entflammt, gepaart mit dem unverrückbar festen Willen, dieses Ziel durchzusetzen. Weist der Hannoveraner Aero-Club sie auch ab, der Deutschen Luftfahrt GmbH in Berlin lässt sie keine Wahl und macht dort den A-Schein, wenig später in Würzburg den Kunstflugschein, dann die Blindflugberechtigung, den Führerschein für schwere einmotorige Landflugzeuge und für Seeflugzeuge.

Oft mit geliehenen, meist aber eigenen Maschinen wird sie mit Kunst- und Werbeflügen, mit Vorträgen, Artikeln und Büchern zeit ihres Lebens auf eigenen Beinen stehen und vor allem ihre Langstreckenflüge finanzieren.

Abenteurerin und Kämpfernatur

Von den vielen Fotos, die es von ihr gibt, schaut uns eine sportliche, stets braun gebrannte und strahlende, zeitlos-junge Frau von natürlicher Schönheit geradeheraus an; unverstellt, in sich ruhend und sicher. So hat sie ihr Leben gemeistert und tatkräftig, immer hart im Nehmen, jede Aufgabe gelöst.

Wagemutig und entschlussfreudig, wird Elly mit aufsehenerregenden Not- und Bruchlandungen, Ölrohrbrüchen, Propellerproblemen und weiteren Katastrophen scheinbar spielend fertig. Sie fällt in stürmischen Höhen fast aus der Maschine, erträgt gefährliche Minustemperaturen und findet den Weg im Blindflug. Und das alles zu Beginn der Karriere in einer kleinen einsitzigen Sportmaschine mit Sperrholzplanken, Stoffbespannung und Reisegrammofon, aber ohne Sauerstoff- und Navigationsgerät, Radar, Funk und Verdeck – der Oberkörper ragt während des Flugs aus der fliegenden Kiste heraus. Ist die Strecke zu lang, lässt sie kurzerhand das Flugzeug auseinanderbauen, verpacken und auf einen Dampfer laden oder – weg mit dem Gepäck! – einen zusätzlichen Tank einbauen.

Um nach Afrika zu gelangen, bewirbt sie sich als »E. Beinhorn« auf das Gesuch nach einem Piloten. Die Forscher Hugo Bernatzik und Bernhard Struck sind, vorsichtig ausgedrückt, erstaunt, eine Frau zu sehen – und organisieren die Reise mit ihr gemeinsam. Während des Afrika-Alleinflugs versagt der Propeller: Notlandung mitten in der Sahara. Die Songheis, Sklavennomaden, überzeugt sie, Hilfe zur Selbsthilfe zu organisieren – wie auch immer. Denn sie ist die erste Weiße dort, und verbale Gemeinsamkeiten gibt es nicht. Nach kräftezehrendem Wüstenmarsch mit einer Karawane erreicht sie ihr Ziel Timbuktu. Zum Glück war wieder Cognac, ihr Universalmittel gegen Kälte, Krankheit oder Durst, im Gepäck.

Nur einmal kapituliert sogar Elly Beinhorn: Mit ihrem über alles geliebten ersten Mann, dem jungen Rennfahrer Bernd Rosemeyer, sind ihr nur zwei Ehejahre vergönnt. Wenige Wochen nach der Geburt ihres gemeinsamen Sohnes verunglückt im Januar 1938 Bernd Rosemeyer während eines Rekordversuchs tödlich. Elly Beinhorn schreibt seine Biografie, dann wird sie wieder fliegen.

Eine Klasse für sich

Es gibt auch andere weibliche Pilotinnen zu ihrer Zeit, doch Elly reist ganz allein an Orte, deren Namen wie Verheißungen klingen: Bagdad, Balboa, Casablanca, Gibraltar, Kalkutta, Siam, Timbuktu oder Yucatán. Ihre Bücher werden Bestseller.

Sie ist ein Star, der doch keiner sein will und sich nie so zeigt. Ihren Pilotenschein gibt sie 1979 nach mehr als 5.000 Flugstunden zurück und kann von sich behaupten, »51 Jahre lang mit Anstand geflogen« zu sein. Sie hat alles aus eigener Kraft allein geschafft und wurde in stiller Würde glatte 100 Jahre alt. Bis zuletzt war das Fliegen ihr Leben, und bestand es am Ende auch nur noch darin, Segelflugzeugen nachzuschauen.

Jeanne Baret

1740–1807 Botanikerin

Die Geschichte der Botanikerin Jeanne Baret liest sich wie ein Abenteuerroman. Als Philibert Commerson 1766 gebeten wurde, die erste von den Franzosen geplante Weltumseglung als Botaniker zu begleiten, war er überglücklich, aber er fasste auch einen verwegenen Plan: Seine Lebensgefährtin Jeanne Baret sollte ihn unbedingt auf dieser bedeutenden Expedition begleiten.

Spanien, England und die Niederlande hatten bereits Schiffe um die Welt geschickt. Die Erfolge und Entdeckungen von Samuel Wallis und James Cook waren Gesprächsthema Nummer eins in der Gesellschaft von London und Paris. Nun wollte Frankreich nachziehen, um als Handelsnation und in den Naturwissenschaften konkurrenzfähig zu bleiben. Da Ende des 18. Jahrhunderts auf französischen Schiffen Frauen nicht zugelassen waren (angeblich brachten sie Unglück), sollte sich Jeanne als männlicher Assistent von Commerson ausgeben, um an der von Louis de Bougainville geleiteten Expedition teilnehmen zu können. Die Idee entstand nicht etwa aus romantischer Trennungsangst. Jeanne Baret verfügte über ein immenses botanisches Wissen und hatte dem renommierten Naturforscher Commerson seit Jahren bei seinen botanischen Studien und Publikationen mit Rat und Tat zur Seite gestanden, wie die Historikerin Glynes Ridley 2010 in einer detaillierten Recherche nachweisen konnte.

Die beiden Botaniker kannten sich aus Burgund, wo Baret als Kräuterfrau Apotheker und Tierärzte mit Heilpflanzen belieferte, während Commerson an der Vervollständigung seines Herbars arbeitete. Der 1727 geborene Philibert Commerson hatte sich 1756 als praktizierender Arzt in seinem Geburtsort Châtillon les Dombes (heute Châtillon-sur-Charlonne) niedergelassen. Sein Interesse allerdings galt der Flora und Fauna Frankreichs und der Mittelmeerländer, weshalb er mehrmals dorthin gereist war. 1758 erhielt er von Carl von Linné den Auftrag, für die Königin von Schweden Louisa Ulrika und das Museum in Stockholm eine Sammlung und Beschreibung der Fische des Mittelmeers zusammenzustellen. Das Honorar investierte Commerson in seinen eigenen botanischen Garten. Eine Anstellung am *Jardin de Roi* in Paris schlug er aus, um die Tochter eines vermögenden Notars, Marie-Antoinette Vivante, zu heiraten, die ihm den nötigen finanziellen Hintergrund für seine weiteren botanischen Forschungen und Reisen garantierte. Als seine Ehefrau nach der Geburt eines Sohnes starb, übernahm Jeanne Baret die Aufgaben der Haushaltsführung und Kindererziehung. Natürlich kursierten Gerüchte über die Beziehung zwischen der Pflanzensammlerin und dem verwitweten Arzt. Als Baret schwanger wurde, waren die Ressentiments schließlich so groß, dass das Paar nach Paris zog. Seinen ersten Sohn ließ der Botaniker zurück und gab ihn in die Obhut seines Schwagers. Ihren gemeinsamen Sohn gaben Commerson und Baret ebenfalls kurz nach der Geburt 1764 in ein Waisenhaus.

Im Dezember 1766 und im Februar 1767 stachen die beiden französischen Expeditionsschiffe in See. An Bord des Versorgungsschiffs *L'Etoile* war auch Baret, die sich wie geplant als Assistent von Commerson ausgab. In Südamerika begannen die beiden Botaniker mit ihrer mühevollen Arbeit. Neben ihrer Suche nach neuen Pflanzen, die als Heil- oder Nahrungsmittel infrage kommen konnten, hatten Commerson und Baret auch die Aufgabe, einige Exemplare der Cochenilleschildlaus auf den Trieben ihrer Wirtspflanzen mit zurück nach Frankreich zu bringen. Ein erklärtes Ziel der Franzosen war es damals, das Monopol der Spanier über das in Europa äußerst beliebte karminrote Färbemittel der Cochenilleschildlaus zu brechen, die auf den Opuntien-Kakteen lebt.

Da Commerson nach einer Verletzung nicht gut laufen konnte, musste Baret das Pflanzensammeln in Brasilien allein übernehmen. Sie schleppte die Holzpressen, einen Spaten, Vergrößerungsgläser, Behälter für Samen und kleine Insekten, den Kompass und das Schmetterlingsnetz, während Commerson ihre anstrengende Tätigkeit überwachte. Es war vermutlich Jeanne Baret, die auf ihren Streifzügen auf die farbenprächtige Bougainvillea aufmerksam wurde und deren Samen konservierte. In respektvoller Ehrerbietung benannte Commerson die wunderschöne Pflanze, die heute in warmen Gefilden auf der ganzen Welt heimisch ist, nicht wie viele andere Forscher nach sich selbst, sondern nach dem Kapitän der Expedition, Louis-Antoine de Bougainville.

Um in den Pazifischen Ozean zu gelangen, leitete Louis-Antoine de Bougainville seine beiden Expeditionsschiffe durch das Labyrinth der Magellanstraße an der

Südspitze des südamerikanischen Kontinents, die zuvor noch kein französisches Schiff passiert hatte. Der Kapitän beschrieb Barets Mühen beim Pflanzensammeln in seinen Aufzeichnungen: »Der unermüdliche Baré, ein sehr erfahrener Botaniker, den wir dabei beobachteten, wie er seinen Lehrer auf allen Pflanzenwanderungen begleitete, durch Schnee, auf Eisberge an der Magellanstraße, und der auf den Märschen den Proviant, die Waffen, die Pflanzenbücher mit Mut und Stärke trug, sodass ihm der Naturalist (Commerson) den Spitznamen ›mein Lasttier‹ verlieh.« An den windigen Küsten von Feuerland stellte Baret zahlreiche botanische Proben von Gräsern, Farnen und Ablegern von Bäumen zusammen, die unter den antarktischen Bedingungen der Region überlebten und die Commerson mithilfe des linnéschen Systems zu katalogisieren versuchte. An den Ufern Patagoniens sammelten Commerson und Baret Blaubeeren (*Vaccinium myrtillus*), vermutlich, so die Historikerin Glynis Ridley, um wie mit den in Europa zu diesen Zwecken bereits erprobten Wacholderbeeren die Geschlechtskrankheiten der Expeditionsbesatzung zu behandeln. Nicht nur die Pflanzenwelt von Südamerika bot viele neue Eindrücke. Baret sah mit Sicherheit Magellan-Pinguine und südliche See-Elefanten, die in der Vergangenheit in großen Kolonien an den Küsten anzutreffen waren.

Die Entdeckung von Tahiti im April 1768 gehörte für Bougainville zu den Höhepunkten seiner Expedition, auf der er auch beinahe die Ostküste Australiens entdeckt hätte. Als »Jardin d'Eden«, als Paradies auf Erden, mit freundlichen, glücklichen, gesunden Insulanern, beschrieb er die Insel in seinem Reisebericht und bestätigte Jean-Jacques Rousseaus Ideen vom Idealbild des edlen Wilden, der in

Einklang mit der Natur lebt. »Die meisten dieser Nymphen waren nackt. Die Männer versuchten uns dazu zu bewegen, eine Frau zu wählen und mit ihr an Land zu gehen, und sie gaben uns zu verstehen, auf welche Art wir uns mit ihr beschäftigen sollten. Man kann sich vorstellen, wie schwer es angesichts eines solchen Schauspiels fiel, 400 junge französische Seeleute zu bändigen, die sechs Monate lang kein Weibsbild mehr gesehen hatten.«

Barets Begegnung mit den Südsee-Insulanern verlief allerdings weniger erfreulich. Für Jean bedeutete sie die Enttarnung ihrer monatelang mit großer Mühe aufrechterhaltenen männlichen Identität. Schon seit Beginn der Reise kursierten unter den Seeleuten Gerüchte über den zierlichen Assistenten Jean, die Baret durch diverse Erklärungen aus der Welt zu schaffen versuchte, so erzählte sie dem Kapitän, sie sei ein Eunuch und habe im Osmanischen Reich den Harem eines Sultans bewacht. Aus Angst vor Übergriffen neugieriger Matrosen schlief sie mit einem Revolver, den sie auf jeden richtete, der ihr zu nahe kommen wollte. In Tahiti allerdings erkannte ein mit den Schiffsreisenden vertrauter Eingeborener sie sofort als Frau und machte die anwesenden Offiziere und Matrosen darauf aufmerksam. Baret wurde daraufhin bei der nächsten Gelegenheit von mehreren Besatzungsmitgliedern vergewaltigt. Commerson unternahm nichts zum Schutz seiner Lebensgefährtin. Um seine Reputation und Stellung zu retten, tat er vielmehr so überrascht wie alle anderen.

In Mauritius trennten sich Baret und Commerson von der Expedition und verblieben gemeinsam zur Erforschung der Fauna fünf Jahre auf der Insel, bis Commerson 1773 starb, bedauerlicherweise ohne seine zahlreichen Entdeckungen von Pflanzen und Tieren angemessen publiziert zu haben.

Die mittellose Baret heiratete ein Jahr später den französischen Offizier Jean Dubernat, mit dem sie 1774 nach Frankreich zurückkehrte. Für ihre Leistungen an der Seite von Commerson erhielt sie, die den bedeutenden Nachlass des Botanikers erbte, vom französischen Marineministerium eine Pension von 200 Livres im Jahr.

Während zahlreiche Pflanzen, Insekten und Mollusken nach Commerson benannt wurden – sie tragen die Bezeichnung *comersonii* –, gibt es erst seit 2012 eine nach Jeanne Baret benannte Pflanze. Der Biologe Eric Tepe taufte eine neue Art von Nachtschattengewächs *Solanum baretiae,* um die großen Leistungen dieser mutigen und kenntnisreichen Frau auf dem Gebiet der Botanik im Nachhinein zu würdigen. Die rund 6.000 Pflanzen, die Baret und Commerson innerhalb von zwei Jahren auf ihrer Reise um die Welt zusammentrugen, befinden sich heute in den Archiven des Musée national d'histoire naturelle in Paris.

Ida Pfeiffer

1797–1858 Globetrotterin

Glühende Augen leuchteten aus einem der Gebüsche hervor; doch hatte ich sie kaum gewahrt, als auch schon mehrere Schüsse fielen. Bald war das Thier von mehreren Kugeln getroffen und stürzte nun wuthentbrannt auf uns los. ... meine Furcht wurde durch den Anblick eines zweiten Tigers noch mehr gesteigert; ich hielt mich jedoch äußerlich so tapfer, daß keiner der Herren eine Ahnung hatte, was in mir vorging.« Ihr Erlebnis einer Tigerjagd in Indien, auf dem Rücken eines Elefanten, veröffentlichte Ida Pfeiffer 1850, ein Jahr vor ihrer zweiten Weltreise, in »Eine Frauenfahrt um die Welt«. Mit nunmehr 53 Jahren war ihre Reiselust ungebrochen. Ihre Reiseberichte hatten sich zu Bestsellern entwickelt, die Zeitungen berichteten wiederholt von der »mutigen Frau aus Wien«, die es drängte, die »Welt und ihre Wunder« zu sehen.

Schon als Kind verspürte Ida die Sehnsucht, hinaus in die Welt zu kommen. Doch sie musste fast 39 Jahre alt werden, ehe sie zum ersten Mal das Meer sah. Eine unerfüllte Liebe, eine gescheiterte Vernunftehe mit einem 24 Jahre älteren Advokaten, finanzielle Not und Entbehrungen lagen hinter ihr. 1833 war sie mit ihren Söhnen von Lemberg nach Wien zurückgekehrt, um fortan von ihrem Mann getrennt zu leben. Der Blick auf die Meereswellen vor Triest, bei einem Kuraufenthalt mit ihrem Sohn im

Jahr 1836, rief die »Sehnsucht nach der weiten Welt« wieder in ihr wach.

Zu reisen war fortan ihr festes Ziel. Nur die beiden Söhne wollte sie erst großziehen. Am 22. März 1842 bestieg Ida mit ihrem wenigen Ersparten in Wien ein Dampfschiff donauabwärts ans Schwarze Meer. Ihre Reise sollte über Konstantinopel ins Heilige Land und nach Ägypten führen. Niemand nahm ihre Pläne ernst: »Höchst lebhaft stellte man mir all die Gefahren und Beschwerden vor, die den Reisenden dort erwarten. … So ganz allein, ohne alle Stütze hinauszuwandern in die weite Welt, über Berg und Tal und Meer, ach, das wäre unmöglich.« Eine religiös motivierte Pilgerfahrt diente Ida als Vorwand. Frauen riskierten, sich dem Spott der Gesellschaft auszusetzen, wenn sie ihrer Reiselust folgten. Reiseliteratur war daher im 19. Jahrhundert besonders bei den Damen beliebt, konnten sie so doch zumindest im Geist dem engen Korsett gesellschaftlicher Regeln entfliehen. Selbst zu reisen und sich damit über herrschende Konventionen hinwegzusetzen, wagten nur wenige. Entsprechend skeptisch und zugleich bewundernd beäugte man Ida, die sich mit 44 Jahren im Alleingang ihren Lebenstraum erfüllte. Ihr Alter war ihr Berechtigung genug, ohne Begleitung unterwegs zu sein.

Von ihrer neunmonatigen Reise, die sie auch in die Welt des Orients führte, kehrte sie mit Hunderten Seiten an Reisenotizen heil nach Hause zurück. Auch der Verleger Jakob Dirnböck »im gr. Dietrichstein'schen Hause Nr. 25« in der Wiener Herrengasse hatte von der weit reisenden Dame gehört und bewies Spürsinn: Reiseberichte von Männern verkauften sich prächtig – wie dann erst jene einer alleinreisenden Frau?!

1844 erschien ihre »Reise einer Wienerin in das Heilige Land« – anonym, denn eine Frau, die sich schriftstellerisch betätigte, lief Gefahr, ihre Familie in Verruf zu bringen. Idas Brüder und Ehemann hatten auf Mitspracherecht bestanden und Passagen streichen lassen. Der Mann hatte die Entscheidungsgewalt über die Frau, Ida musste sich dem trotz ihrer Selbstständigkeit fügen. Das Buch wurde ein Bestseller, auch wenn die Autorin sich darin bescheiden zeigt: »Ich bin keine Schriftstellerin ... Es [mein Tagebuch] ist ... eine Sammlung Notizen, die ich anspruchslos niederschrieb, um mich immer an das Gesehene zu erinnern, und von denen ich nicht glaubte, daß sie den Weg in die große Welt finden würden ...« Ihr Anliegen, die Erlebnisse wahrheits- und detailgetreu wiederzugeben, brachte ihr viel Lob. Sie wirkte glaubwürdig, während andere Reiseschriftsteller für ihre Übertreibungen kritisiert wurden. Besonders faszinierten sie die Kultur, das Leben und Aussehen fremder Menschen. Als Frau hatte sie auch Zutritt zu Schauplätzen wie den orientalischen Harems und Frauenbädern, wodurch sie einen profunden Einblick in den Alltag von Frauen in verschiedensten Ländern bekam.

»Wie es den Maler drängt, ein Bild zu malen, den Dichter, seine Gedanken auszusprechen, so drängt es mich, die Welt zu sehen.«

Die Berichte all ihrer sieben Reisen füllten 13 Bände und wurden in sieben Sprachen übersetzt. Nach jeder Rückkehr veröffentlichte die Wienerin ein weiteres Buch, bald unter ihrem eigenen Namen. Die Honorare dafür deckten einen Teil der Reisekosten. Eine weitere Einnahmequelle war das Sammeln von Naturalien: Auf ihrer Reise nach Skandinavien und Island 1845 hatte Ida ihre Leidenschaft für die Naturforschung entdeckt. Sie lernte zu präparieren und verkaufte Teile ihrer Sammlungen an Museen. Jene, die so ins kaiserliche Naturalienkabinett in Wien gelangten, werden heute im Wiener Naturhistorischen Museum aufbewahrt.

Am 1. Mai 1846 ging Ida Pfeiffer als erste Frau alleine auf zweijährige Weltreise, 1851 wurden es gar vier Jahre. Strapazen und unmenschliche Reisebedingungen nahm sie mit eisernem Willen in Kauf – die Ankunft am Ziel entschädigte sie dafür. »Ueberall und jederzeit setzte ich mich durch. Ich fand, daß Energie und Furchtlosigkeit allen Leuten imponirt, sie mögen Araber, Perser, Beduinen oder wie immer heißen«, war sie überzeugt.

Ihr unbeirrbarer Entdeckergeist sollte Ida am Ende aber das Leben kosten. Ihre letzte Reise führte über Mauritius nach Madagaskar. Die Insel galt als gefährlich für Fremde: Die Königin hatte europäische Händler und Missionare mit Gewalt verjagt und das Christentum verboten. Doch Ida schlug alle Warnungen in den Wind. Prompt wurde sie in ein politisches Komplott verwickelt: Ein französischer Kaufmann plante den Sturz der Herrscherin und missbrauchte Idas Begleitung als Tarnung. Die Verschwörung flog auf, die Königin ließ alle Beteiligten gefangen nehmen und verwies sie des Landes. Als Strafe wurde der Transportzug zur Küste tagelang über malariaverseuchtes Gebiet geführt, wohl wissend, dass Ida bereits von Fieber geschwächt war. Sie schaffte die Rückkehr nach Wien und glaubte sich bald wieder völlig gesund. Im Oktober 1858 starb sie jedoch in der Wohnung ihres Bruders Carl in der heutigen Beatrixgasse in Wien an den Folgen der Malaria.

Obwohl Ida Pfeiffer keine Wissenschaftlerin und noch dazu eine Frau war, wurden ihre Forschungsleistungen schon zu Lebzeiten von internationalen Fachleuten geschätzt. Alexander von Humboldt bewirkte ihre Aufnahme als Ehrenmitglied und erste Frau in die Berliner Geographische Gesellschaft. Der König von Preußen verlieh ihr die Goldene Medaille für Wissenschaft und Kunst. Österreich hingegen beschränkte seine Unterstützung auf einen einmaligen Reisezuschuss. In ihrer Heimat erfolgte die Anerkennung erst posthum: 1892, über 30 Jahre nach ihrem Tod, erhielt Ida Pfeiffer auf Bestreben des Vereins für erweiterte Frauenbildung als erste Frau ein noch heute existentes Ehrengrab auf dem Wiener Zentralfriedhof.

Louise Boyd

1887–1972 Arktisforscherin

Die Helden ihrer Jugend sind Forscher und Entdecker wie Robert F. Scott oder der Norweger Roald Amundsen, die sich einen unbarmherzigen Wettstreit um die Entdeckung des Südpols liefern. Es ist die Zeit der Forschungsexpeditionen, in denen sich Männer auf den Weg machen in die letzten unerforschten Gebiete. Was in jener Zeit für Männer durchaus »normal« ist, gilt keineswegs für Frauen, auch dann nicht, wenn sie aus reichem amerikanischen Hause kommen wie Louise Boyd. Dennoch, vom Forscherdrang ist auch sie erfasst, denn »eines Tages«, so Boyd, »möchte ich aus der Landschaft hinausblicken, nicht in sie hinein«. 1914 macht sie erstmals eine Schiffsreise in die Arktis, und als 1928 Amundsen in arktischen Gewässern als verschollen gilt, finanziert, organisiert und leitet sie ihre erste eigene Forschungs- und Suchexpedition. Sie legt in vier Monaten mehr als 16.000 Kilometer zurück. Die Suche nach Amundsen bleibt zwar ergebnislos, doch wird sie von nun an trotz fehlender Ausbildung als Wissenschaftlerin ernst genommen, die in den Folgejahren mehrere Grönlandexpeditionen erfolgreich meistert. 1934 reist sie in den Osten Polens, um eine Fotoreportage über das Landleben zu machen. Ihre Motivation ist weitsichtig, denn sie möchte »Einblicke in Dinge bekommen, die morgen schon verloren sein können.«

A
B 246-437

Quellenverzeichnis

Berg-Ehlers, Luise: *Extravagante Engländerinnen*, München 2014 (S. 145-153, 164-165)
Bleitner, Thomas: *Hamburgerinnen, die lesen, sind gefährlich*, München 2011 (S. 108-113, 128-132, 184-188)
Das Elisabeth-Buch, München 2014 (S. 24-27, 52-55, 100-103, 142-144, 231-234, 235-238)
Heldinnen, München 2013 (S. 72, 89, 127, 183, 189, 200, 208, 209, 223, 224, 230, 251)
Kerckhoff, Annette: *Heilende Frauen*, München 2010 (S. 91-99, 176-182)
Lanfranconi, Claudia: *Ladys in Gummistiefeln. Noch mehr Damen mit dem grünen Daumen*, München 2014 (S. 166-171, 225-229, 240-245)
Lanfranconi, Claudia: *Legendäre Gastgeberinnen*, München 2012 (S. 118-126, 133-140, 159-163)
Lanfranconi, Claudia; Meiners, Antonia: *Kluge Geschäftsfrauen*, München 2010 (S. 12-19, 28-35, 40-47, 56-63, 73-83)
Lechner, Isabella: *Wienerinnen, die lesen, sind gefährlich*, München 2012 (S. 36-38, 48-51, 154-158, 193-198, 246-251)
Meiners, Antonia: *Die Stunde der Frauen*, München 2013 (S. 20-23, 68-71, 201-203, 204-207, 210-213, 218-222)
Mutige Menschen, München 2011 (S. 190-192)
Teibler, Claudia: *Münchnerinnen, die lesen, sind gefährlich*, München 2011 (S. 84-89, 104-107)

Mehr Frauen, die sich ihre Träume erfüllten, finden sich in weiteren Büchern aus dem Elisabeth Sandmann Verlag.

Bildnachweis

Umschlaggestaltung: Kuni Taguchi
Vorne: Archiv Elisabeth Sandmann Verlag

S. 1: Archiv Elisabeth Sandmann Verlag
S. 10: akg-images/Voller Ernst/Gerd Pfeiffer
S. 39: Getty Images
S. 64/65: Interfoto/Miller
S. 66: Getty Images
S. 90: Heritage Images/Getty Images
S. 114/115: Richards/Fox Photos/Getty Images
S. 116: ullstein bild - Imagno
S. 141: akg-images/Voller Ernst/Gerd Pfeiffer
S. 172/173: Gamma-Keystone/Getty Images
S. 174: akg-images/Voller Ernst/Gerd Pfeiffer
S. 199: ullstein bild - Herbert Hoffmann
S. 214/215: akg-images
S. 216: ullstein bild - William Rittase
S. 239: Getty Images
S. 252/253: akg-images/Voller Ernst/Gerd Pfeiffer
S. 256: ullstein bild - ullstein bild